新视野・文化遗产保护论丛

博物馆的文化责任

单霁翔 著

天津大学出版社
TIANJIN UNIVERSITY PRESS

图书在版编目（CIP）数据

博物馆的文化责任 / 单霁翔著 .—天津：天津大学出版社，2017.9（2024. 5 重印）
（新视野 · 文化遗产保护论丛 . 第三辑）
ISBN 978-7-5618-5962-9

Ⅰ . ①博… Ⅱ . ①单… Ⅲ . ①博物馆事业—文化事业—中国 Ⅳ . ① G269.23

中国版本图书馆 CIP 数据核字（2017）第 242385 号

策划编辑 金　磊　韩振平
责任编辑 郝永丽
装帧设计 谷英卉

出版发行 天津大学出版社
地　　址 天津市卫津路 92 号天津大学内（邮编：300072）
电　　话 发行部：022-27403647
网　　址 publish.tju.edu.cn
印　　刷 永清县畔盛亚胶印有限公司
经　　销 全国各地新华书店
开　　本 148mm × 210mm
印　　张 8.25
字　　数 197 千
版　　次 2017 年 9 月第 1 版
印　　次 2024 年 5 月第 2 次
定　　价 58.00 元

自序：把工作当学问做 把问题当课题解

“新视野·文化遗产保护论丛”出版在即，出版社嘱我写一个自序。心怀往昔，愿以时间为轴写出自己简短的感言，希望聚焦有启迪意义的文化历程，也希望表达充满真情实感的“乡愁”。

2011年8月25日清晨接到通知，我将要离开工作近10年的国家文物局，到故宫博物院工作。消息突然，没有精神准备。记得当天上午工作日程是在中国文化遗产研究院做专题报告。一路上，10年来的工作情景在脑海中闪过，想到在走向新的岗位之前，应该对以往工作进行回顾，负责任地进行工作交接，于是到会场后便放弃了已经准备好的多媒体演示内容，改为讲述参与中国文化遗产保护的体会，将近两个小时的畅谈，仍感意犹未尽，充满着回望与寻觅的思绪。

如今看来，当年的工作状态可谓“不堪回首”。就在接到通知那天之前的一周内，还经历了“南征北战”的过程：8月18日在吉林长春为市、县政府领导培训班做文化遗产保护报告；8月20日在西藏拉萨参加中国西藏文化论坛；8月21日在四川雅安参加茶马古道保护研讨会；8月23日和24日在福建福州分别参加全国生态博物馆、涉台文物保护总体规划评审，国家水下文化遗产保护中心福建基地启动，三坊七巷社区博物馆揭牌等活动。

一周数省，这就是当年常态化的工作状况。是什么力量支撑着自己一路前行？除了文物人“敢于担当、乐于奉献”的情结外，恐怕最主要的就是“把工作当学问做、把问题当课题解”的工作方法。不断出现的问题、不断凸现的矛盾和不断涌现的挑战，将时间撕裂成一块块“碎片”，甚至一天之内要进行几次“脑筋急转弯”。如果不能针对闪过的想法及时停下来思考、面对发现的问题及时静下来反思，就会陷于疲于应付、不堪重负的境地。城乡建设大规模展开的时期，必然是文化遗产保护最紧迫、最关键的历史阶段。只有“把工作当学问做、把问题当课题解”，才能在复杂的情况下，夯实基础，居安思危，防患未然；在困难的情况下，深思熟虑，心中有数，底气十足；在紧急的情况下，头脑清醒，敢于直面，坚守底线。

“把工作当学问做、把问题当课题解”的工作方法，需要持之以恒，读书、思考、写作、归纳，早已成为每天的必修课。无论是在考察途中的汽车里，还是在往返的飞机上，抑或是在家中的书桌前，以电脑为伴，将考察的感想、调研的体会、阅读的心得及时记录下来。正是因为这一次次的梳理思绪、深化认识，长期下来，居然积攒下上千万字的记录，包括论文、报告、访谈、提案，林林总总，其中既有“一吐为快”的真实感受，也有“深思熟虑”的肺腑之言，还有“临阵磨枪”的即席表达。将它们汇集起来，既是一个时期实践经验的点滴记载，也是一个时代文化遗产事业的综合纪实，还是一个文化遗产保护工作者不息生命的心灵写作。面对这些海量且繁杂的“原生态”记录，早已萌生出按照内容进行分类归纳的愿望。所幸天津大学出版社伸出援手，以“新视野·文化遗产保护论丛”为名，按照不同内容进行分辑分册，涉及文化遗产保护基础建设、文化遗产保护项目实施和文物博物馆事业发展等诸多方面。

一路走来，吴良镛教授的学术思想始终像一座灯塔照亮我前行的方向。“把工作当学问做、把问题当课题解”，源于吴良镛教授所倡导的“融贯的综合研究”理论框架。就是力图从更广阔的视野、更深入的角度，分析和梳理文化遗产之间的内在联系，探索和建立新的文化遗产类型和相应的保护方式，使制约文化遗产事业发展的重点、难点和瓶颈问题不断得以有效解决。实践证明：文化遗产保护、城市文化建设、博物馆发展，在方法上、尺度上、内容上虽然各有不同，但是三者有着共同的研究对象，三位一体进行“融贯的综合研究”，则可以呈现出中国特色文化遗产保护的新视野。

从1984年进入城市规划部门以来已经30余载，从1994年进入文物系统以来也已经20余年，其间有不少令人难忘的回忆。有幸在职业生涯的最后一站，来到故宫博物院，一方面继续享受紧张工作带来的压力和挑战，另一方面得以将几十年来积累的体会应用于具体实践。今天，更为突出的感受是，只有“把工作当学问做、把问题当课题解”，且加强全程管理，才能使每一项工作都与细节管理挂起钩来，把桩桩件件事情都做得细之又细，才能获得持续发展的后劲。

北京时间2014年6月22日15时19分，从卡塔尔首都多哈传来喜讯，在第38届世界遗产委员会会议上，中国大运河被列入《世界遗产名录》。30分钟后，跨国联合申报的“丝绸之路：长安—天山廊道的路网”也顺利通过评审。作为大运河和丝绸之路保护与申报的参与者和见证者，我格外激动和自豪。2015年5月5日，从文化遗产保护现场又传来好消息，世界文化遗产——大足石刻千手观音造像抢救性保护修复工程竣工，看到“前方”传来修复后的美轮美奂的千手观音造像影像，我激动不已。回想2008年“5·12汶川大地震”后的第8天，我们从四川地震重灾区赶到重庆大足，看望已经800岁高龄的千手观音造像，看到早已满目疮痍的文物本体又被地震殃及，当即决定开展抢救保护工作，将其列为石窟类保护的“一号工程”，如今千手观音造像再现“慈祥的微笑”，得以功德圆满。的确，每当昔日的努力成就今日的收获，都是文化遗产保护工作者最幸福的时刻。

2006年6月10日，我们曾以无比喜悦的心情迎来了中国第一个“文化遗产日”。10年的奋争，10年的坚守，10年的耕耘，10年的收获。再过半个多月，我们又将以无限期待的心情，迎来中国第十个“文化遗产日”。谨以“新视野·文化遗产保护论丛”献给这一节日，献给长期以来用智慧和汗水呵护文化遗产的文博同人，祝愿祖国的文化遗产永葆尊严；献给长期以来用真情和热心关注文化遗产的社会民众，祝中华文化遗产事业蓬勃发展。

2015年5月25日

目 录

从"馆舍天地"走向"大千世界"——关于广义博物馆的思考①

（2010 年 9 月）

自从 1905 年清末状元、实业家张謇创建我国第一座近代博物馆——南通博物苑起，博物馆事业已走过了百年历程。我国的博物馆事业从其诞生之初就被国人视为"广见闻、增智慧"的强国之举，就以"民族的、科学的、大众的"为特征，承担起崇高的社会责任，树立起伟大的强国理想，"强烈的使命意识一直是中国博物馆传统中最有继承价值的积极因素"②。正是我国博物馆先辈受近代先进思想文化影响，结合我国社会实际，以创建博物馆的形式，肩负起保存文物标本、传播知识文明、服务社会大众的重任，从而冲破旧中国士大夫阶层"玩赏古董""藏重于用"的旧理念束缚，前无古人地使文物资源发挥出应有的价值与作用。更为重要的是，博物馆先辈在开创和推动博物馆发展的过程中所表现出来的传播文明、启发民智的人文理念，矢志不渝、披荆斩棘的创业精神，无私奉献、恪尽职守的敬业品德，乐而忘忧、服务社会的公众意识，深深地感动社会并激励着一代又一代博物馆人。近年来，博物馆法规体系不断完善，体制改革不断推进，资金投入不断增加，人才队伍不断会聚，为博物馆事业的现实发展不断增添活力，为博物馆事业的未来发展

① 此文发表于《国际博物馆》，2010 年第 3 期，69 页。

② 曹兵武：《关于博物馆的核心价值》，载《中国文物报》 2007-12-28（6）。

不断拓展空间。这些都表明，我国博物馆事业发展处于一个新的战略机遇期，博物馆事业即将踏上新的台阶。

江苏南通博物苑新展馆奠基仪式

一个国家的综合实力，既指这个国家的经济实力、政治实力、军事实力和外交实力，也指这个国家的文化实力。文化实力能够跨越一系列的指标体系彰显一国的综合国力。当今世界，跨国集团的全球竞争、生产基地的全球布局、文化媒体的全球传播、影视产品的全球输出、品牌制造的全球流行、卡通游戏的全球热销，共同形成势不可挡的全球化潮流，广泛冲击着人们原有地域的文化生活。某些西方发达国家更是凭借其强大的经济、科技实力，向外输出其文化，从音乐到媒体，从电影到快餐，从语言到文学，强势文化裹挟着生活方式和价值观念，无孔不入地渗透到“地球村”的各个角落，其咄咄逼人的态势对别国的传统文化和民族精神构成极大的威胁。文化以其特殊财富的身份显示综合国力。今天，文化不仅以文化产业、文化资源、文化产品和文化设施等直接产生经济效益的形式充实国民经济体系，而且还以其巨大的精神财富增加社会财富，成为衡量和测评综合国力的重要因素。由于文化力量的强弱能够反映一个社会经济发展水平的高低，因此，任何一个国家、任何一个民族，在致力于发展经济的同时，都不能不高度重视文化建设，都不能不倾注热情增强文化力量，都不能不防止和及时纠正文化建设落后于经济建设的状况。

进入新的世纪，有识之士逐渐领悟到，在今天，世界上还有许多更为重大的问题在困扰着人类，博物馆必须更宏观地思考自己的职能和功能。为此，国际博物馆界一直在努力和奋斗。回顾进入21世纪以来历年国际博物馆日的主题，可以看出其对人类面临问题的普遍关注以及鲜明的时代特点。2000年，新世纪元年，国际博物馆日的主题是“为了社会和平与和谐的博物馆”；2001年，主题是“博物馆与社区”；2002年是“博物馆与全球化”；2003年是“博物馆与朋友”；2004年是“博物馆与无形遗产”；2005年是“博物馆：沟通文化的桥梁”；2006年是“博物馆和青少年”；2007年是“博物馆与共同的遗产”；2008年是“博物馆：社会变革与发展的动力”；2009年是“博物馆与旅游”；到2010年，国际博物馆日的主题升华为“博物馆致力于社会和谐”。这些国际博物馆日的主题也是我国博物馆文化的主旨，充分反映出新时代博物馆关注社会现实、承担社会责任、体现社会价值的风貌，充分表达出人们追溯自身精神轨迹的清醒意识。今天，我们正处于快速发展的时代，我们所面临的一些问题，既是迫在眉睫的问题，也是不能回避的问题。但是，我们不能头痛医头、脚痛医脚地埋头研究现实问题，而忽视了博物馆的基础理论研究。博物馆不是静止的，博物馆实践也不会永远停留在原有的经验上，需要博物馆工作者着眼于未来，强化探索意识。

参加记忆与创造力国际博物馆馆长高峰论坛

正如苏东海先生所指出的，“60 年来，国际博物馆界和博物馆理论界有合有分，有分有合，博物馆研究的两种思想路线在分合中前进。新世纪以来，新的整合、新的分化给博物馆界带来的不是相互削弱而是共生共存的繁荣”[①]。当前，我国各项事业都处于前所未有的大变革、大发展、大跨越的战略机遇期，同时，各种思想文化此消彼长，人们的思想日趋活跃，对精神文化的需求呈现多元、多样、多变的特征。D. 格鲁考克 (D. Grewcock) 指出：“如果说早期的现代城市规划是对 19 世纪工业城市化的回应，那么 21 世纪初期应当被看成是一个充满巨变的时期，亟待新的规划方法；这不仅仅包括

① 苏东海：《国际博物馆理论发展中两条思想路线札记》，载《中国文物报》，2010-06-30（6）。

规划的新工具，更重要的是改变规划的实质和专业本身。这个转变过渡期是城市博物馆的机遇所在。城市规划所经历的变化与博物馆所经历的变化是相似的，即所谓的'新博物馆学'。在这两个领域里，无论是学术批评时期还是专业的自我检查时期，都有新理论和实践产生。"[①]因此，博物馆学理论应该有更为广泛、更为综合的概念，博物馆工作应该有更为科学的前提。随着社会的发展，任何一门学科的研究都会有新的发展，理论思维的高度标志着一门学科发展的水平，要建立具有中国特色和符合我国发展特点的博物馆学理论体系，博物馆学的研究就不能停留于以往的研究水平。

长期以来，"欧洲中心论"引领着世界博物馆的发展趋势。由于在欧洲诞生了古希腊、古罗马等国家所代表的西方文化，更有文艺复兴的光辉；由于最早在欧洲发生了产业革命，直至近代欧洲仍然是新的科学技术思想的发源地，因此，长期以来，以欧洲为中心的博物馆理念占据着世界博物馆理念的制高点。关良镛教授指出："随着美国的社会经济、科学技术与文化的发展，特别是近百年来的突飞猛进，美国集中了不少世界上第一流的人才，欧洲中心论无形地转为欧美中心论。这在第二次世界大战前后更是如此。这也是有一定历史条件作为基础的。"[②]今天，我国博物馆界与国际博物馆大家庭的联系日益广泛。国际社会的经验可以为我国博物馆事业的发展开拓思路，但是，却不能原样克隆移植、全盘模仿复制、盲目照抄照搬、直接应用于实践，而必须深入分析我国历史的沿革、发展的阶段、政治的特点、文化的传统、社会的需求等，特别是结合我国文化遗产资源的特点，加以选择吸收，寻找更加适合我国国情、

① 邓肯·格鲁考克：《城市博物馆和城市未来：城市规划的新思路与城市博物馆的机遇》，载《国际博物馆》，2006（2），32页。
② 吴良镛：《广义建筑学》，41页，台北，地景企业股份有限公司，1994。

具有中国特色的博物馆事业发展之路。正如吴良镛教授所指出的："在我国的伟大实践中，我们必须会产生我们自己的开拓者、创业者，各个方面的杰出人物。中国一切有抱负的专业工作者，当然要学习外国。但各种学习的最终目的，在于从本国的需要与实际出发，进行探索、创造自己的道路。"①

当今时代，博物馆的功能与职能将再次从"保护文物藏品"延伸到"保护文化遗产"。"保护文化遗产"是时代对博物馆的呼唤，也是体现博物馆价值的需要，这一需要的实现，使博物馆工作者打开视野，面对多样化的文化资源，进入无限的发展空间。博物馆功能与职能的拓展和深化，赋予21世纪博物馆工作者前所未有的用武之地。事实上，我国的博物馆文化从起源阶段就呈现出多样性态势，不同的类别、不同的地域创造了不同的博物馆文化。当前，文化遗产保护的视野不断扩展，从文化遗产到自然遗产，从历史遗产到当代遗产，从物质遗产到非物质遗产，博物馆的保护、研究、展示空间也必然从传统博物馆的"馆舍天地"走向丰富多彩的"大千世界"。正如K. 林奇（K. Lvnch）所说："空间与时间环境所形成的对于未来的态度本身就是改变世界的关键所在。"②"原先栖身于一隅，也许自觉为其乐无穷；当进入这'大千世界'，更能感到自己'任重而道远'。"由此，博物馆文化的展示空间从馆舍到社区、从城市到乡村、从地上到地下、从国内到国外，将文化遗产与自然遗产置于博物馆的广义范畴来认识，体现出外向的、多维的、以促进社会发展为己任、以满足公众需求为核心的发展思路和时代精神。

从"馆舍天地"走向"大千世界"，还体现在博物馆的类型发

① 吴良镛：《广义建筑学》，50页，台北，地景企业股份有限公司，1994。
② 邓肯·格鲁考克：《城市博物馆和城市未来：城市规划的新思路与城市博物馆的机遇》，载《国际博物馆》，2006（2），32页。

法国巴黎蓬皮杜艺术中心

展。旧址博物馆、遗址博物馆、生态博物馆、社区博物馆、数字博物馆等各种各样的博物馆形态共生共荣，正在结合我国经济社会发展的形势与趋势，进行着积极的实践。城市规划学者 P. 格迪斯（P. Geddes）认为新型博物馆对于理解城市的过去、现在和将来具有明显的潜在作用，“它与以往博物馆运动的不同之处在于，观众既是博物馆的参观者，也是参与者，它的目的就在于让人们与地点、机构和环境形成一种新型的、更为紧密和富有成效的关系”[①]。博物馆的概念必须扩大，从近年来的实践也可以深刻地感受到这一点。博物馆已经不再囿于传统博物馆的范围，其所包括的内容早已螺旋式地发展，大大超过以往博物馆学的领域。面对时代进步，面对文化遗产保护“博物馆化”和博物馆文化“文化遗产化”的发展趋势，博物馆文化必须要创新，博物馆文化的进步必将丰富和提升原有的

① 邓肯·格鲁考克:《城市博物馆和城市未来: 城市规划的新思路与城市博物馆的机遇》，载《国际博物馆》，2006（2），32 页。

文化，博物馆的核心理念和价值观念必将不断酝酿和形成，博物馆的思维范式和行为模式必将不断变化和转换，博物馆的专业功能和社会职能必将不断完善和提升。正因为如此，对于博物馆事业发展面临的诸多问题，需要进行全面的分析与整体的思考。

贵州地扪侗族人文生态博物馆

随着世界范围内经济、政治、文化、社会的变化，博物馆事业对国家发展、社会进步的重大作用愈来愈被人们所认识，可以预见，博物馆学和博物馆事业，无论在数量、规模、发展速度上，还是在内容和方法上，都将发生深刻的变化，“广义博物馆”时代即将到来。提出“广义博物馆”的概念，并不是说人们通常所理解的博物馆概念已经过时，而是今天博物馆学的基本理论需要不断深化和普及。长期以来，人们站在“馆舍天地”讨论博物馆的功能与职能。这些是博物馆学的基本内容，也是博物馆学的核心内容。这些方面的研究仍然有大量需要加以探索的问题。但是，提出和探讨“广义博物馆”概念的目的，在于从更大的范围和更高的层次提供理论研究和实践创造的框架，以进一步认识博物馆学的重要性和科学性，揭示博物馆学的广泛性和复杂性。今天，无论是从宏观的系统整体出发，还是从微观的应用角度出发，对博物馆学的一些问题进行深入探索，都不可避免地涉及众多相互联系的学科。“现代自然科学既高度分化又高度综合。一方面，学科越分越细，新学科、新领域不断涌现；另一方面，不同学科或领域之间又相互交叉、融通，向综合的方向发展。‘融汇中外，沟通古今’已成为越来越多学者追求的学术境界。”①

今天，我们正沐浴着21世纪的朝阳，新的时代需要什么样的博物馆，博物馆如何凸显自身的存在价值和特色，这是必须思考的问题，因为这些问题决定着今后博物馆的运行和发展方略。博物馆必须从相对狭小的“馆舍天地”中走出来，迈向更为广阔的“大千世界”，这是人们在社会实践中得出的结论。实现博物馆的文化创新，需要有坚定的信心和包容的胸怀。当今社会生活呈现信息化、网络化、数字化的特征，这促进了博物馆文化形态快速转变。在此背景下，任何博物馆都不可能再固守原有、孤芳自赏和自我封闭，而需要更多地介入社会，更多地关注民众，从而发挥更多的社会功能，担当更多的社会责任，完成一次次历史的飞跃。这是博物馆面临的挑战，同时也是博物馆发展的机遇。这些挑战与机遇，使博物馆有机会重新审视自己的地位与责任，跳出传统的樊篱，发挥出更多的潜能。同时，博物馆的工作范围和价值影响也已经不仅仅在馆舍之内，而走出博物馆的围墙涉及更广泛的内容。新时期的博物馆事业应该有能力承担这一任务。当前，人们不断以新的价值观和时空观审视博物馆的存在形式、社会职能以及发展方向，同时，文化

① 江蓝生：《追求融通与交叉的学术境界》，见《人民日报》，2009-08-07（7）。

多样性导致了博物馆文化的多样性，成为博物馆发展的时代特征和发展态势。

当今时代，全球化进程将世界各国更为紧密地联系在一起，我国作为世界上最大的发展中国家，正在向富强、民主、文明、和谐的强国迈进，勤劳善良的中国人民正在积极致力于实现中华民族的伟大复兴。国家意识是民族存在的一种文化自觉，其最大的意义就是增进民族认同，提高民众的归属感和凝聚力。而与国家意识不可分割的则是文化传统。中华民族正处在伟大复兴的重要阶段，对此必须有清醒的文化自觉。既要深入挖掘中华文化的精髓，把优秀文化贡献给人类社会，又要深刻反省文化传播的局限，以便更好地吸收世界其他国家和民族文化的精华，并且适应现代经济社会发展的要求，给中华文化以现代的诠释和解读，使之产生新的生机和活力。一个经济上正在迅速成长、国际地位正在迅速提高、文化影响力正在蓄势待发的国家，应以更强烈的责任感来筹划和推进博物馆事业的全面发展。博物馆发展需要现实的鼓舞，同时，也需要执着于终极目标。有理想之光的照耀，博物馆文化将变得更加有意义。

如今，博物馆的多样化发展，成为衡量一个国家或地区文化繁荣的重要标志之一。“经济全球化是人类的一种需要，文化多样性也是人类的一种需要，只是前者强调物质层面，后者关注精神层面。”[①]博物馆的多样化发展，对于建设和谐社会有着极其重要的现实意义。和谐社会强调各种思想文化相互借鉴，相得益彰，主张在坚持核心价值体系的基础上，尊重文化的多样性，推动不同文化间相互学习，取长补短，实现弘扬主旋律与提倡多样化的有机统一。今天，无论是旧

① 汤家庆：《多样性与博物馆创新》，见《携手2010：宁波国际博物馆高峰论坛论文选辑》，119页，非正式出版物。

址博物馆，还是遗址博物馆；无论是生态博物馆，还是社区博物馆，这种贴近文化原生地环境的博物馆类型，使保护文化遗产本体与保护文化遗产环境联系在一起。“于是文化遗产就分成两种存在：一种是聚集在博物馆中的存在，另一种是生活在原生地的存在。”① 一种存在于“馆舍天地”，另一种存在于“大千世界”。两种存在形成了文化遗产保护的两极分化，博物馆也因此发生了两极分化。实际上，文化遗产保护的两极分化促进了博物馆的两极分化。“出现了主流博物馆和社区博物馆共存共荣的新局面。这种分化是有积极意义的。”苏东海先生认为，“这种分化是客观存在的，没必要也不可能把它们统一起来，它们应该在博物馆这面大旗下分别发展，共存共荣。”②

品味东四艺术作品展

① 苏东海：《国际博物馆理论研究的分化与整合》，载《东南文化》，2009（6），9页。
② 苏东海：《国际博物馆理论发展中两条思想路线札记》，载《中国文物报》，2010-06-30（6）。

国际博物馆协会所倡导的“为社会和社会发展服务”，体现出博物馆所具有的道德观与价值观。为此，既要全面提升博物馆文化的吸引力、感染力、传播力和影响力，让更多的社会民众走进博物馆，也要推动博物馆走向社会舞台，走进民众心灵，担负起服务社会的神圣使命。近年来，城市化进程加快，带来自然、社会、文化、科技、经济、环境的快速改变，博物馆应更加积极地参与社会变迁过程的讨论，帮助人们树立正确的发展理念。博物馆的收藏、保护、研究和展示，要反映社会变迁过程及其特有的文化积淀，要多层次、多角度地反映城市发展所承载的城市文化内涵，要为维护城市特色和新的文化创造提供智力支持。文化多样性的存在与发展是人类社会的基本特征。博物馆要更充分地关注全球化、现代化和信息化对社会发展和民众生活的影响，在避免文化冲突、协调文化矛盾、增进文化包容、鼓励文化创新中发挥更加积极的作用。鉴于近年来文化遗产理念的发展为博物馆带来新的挑战与机遇，博物馆在配置文化资源和开展科学研究时，要更加鼓励跨学科、跨部门、跨行业合作，通过共同努力，使历史与今天、文化与自然、物质与非物质、可移动与不可移动等不同形态和形式的文化遗产，在博物馆文化的传播中成为主角。

英国博物馆学会发表的《建立21世纪卓越博物馆的宣言》中指出：“在社会经济冲击下，广义的博物馆是科学与艺术普及教育或终身学习的中心，是公民与社区的空间，是社会变迁与促进文化理解的机构，典藏人类文化遗产的博物馆是创造力的触媒，是旅游与观光的关键伙伴，也是文化研究与创新事业中重要的一环。”[①] 事实

① 汤家庆:《多样性与博物馆创新》，见《携手2010：宁波国际博物馆高峰论坛论文选辑》，119页，非正式出版物。

上，博物馆也是生物多样性与文化多样性的中心。如此，博物馆不再局限于一个固定的建筑空间内，而变成一种“思维方式”，一种以全方位、整体性与开放式的观点洞察世界的思维方式。传统博物馆作为一个文化单元，工作出发点往往局限于行业发展，思维落脚点往往专注于文物藏品，对人们的生活和社会发展关注不够。面对当今经济全球化、政治多极化、文化多元化的大趋势以及博物馆社会角色的转变，博物馆的工作思路必然也要转变，不仅要做好自身的业务工作，还应该多做有利于社会、有利于民众的社会工作。博物馆只有不拘泥于封闭的“馆舍空间”，走向“大千世界”，服务“大千世界”，才能更加体现出自身的核心价值和社会责任。

博物馆的核心价值和社会责任是在自身建设和发展中逐渐形成并为实践证明是正确的，成为博物馆的宝贵精神财富和优秀传统，也是博物馆的生命和灵魂所在。失去核心价值，脱离社会责任，博物馆就会迷失方向，丧失安身立命的基础。维护核心价值和践行社会责任，是博物馆尊重自己历史的表现，也是博物馆的生存之基、精神之本。在当前丰富多彩的博物馆世界中，更需要坚守博物馆的核心价值，实现博物馆的社会责任，只有这样，才能保证博物馆在越来越多样化的社会中，不随波逐流，不放弃理想，不异化变质，为博物馆事业的可持续发展奠定坚实基础。今天，社会进步向所有的博物馆提出了双重任务：一是立足于“馆舍天地”搞好文物藏品的汇集、保护、研究，推出主题鲜明的博物馆陈列展览；二是走向“大千世界”，在文化遗产原生地保护文化遗产，推出丰富多彩的博物馆文化活动。如果说“馆舍天地”是博物馆工作的基础，那么“大千世界”是支撑这个基础的源流活水。走向“大千世界”，并不仅仅意味着突破馆舍空间的限制，同时也意味着突破传统理念的约束，在“大千世界”中寻找博物馆发展的智慧和动力。只有将“馆舍天地”纳入“大千世界”，博物馆工作的基础才能够不断得到充实和巩固。如果说“馆舍天地”是博物馆事业的起点，那么融入“大千世界”则是博物馆事业的方向。

中国作为历史悠久的文明古国，山河壮美，文化灿烂，文化和自然遗产极其丰富，发展博物馆事业有着得天独厚的资源条件。但是，博物馆文化必须形成一种大众普遍认同并具有吸引力的整体力量，才能够成为推动历史进程的积极因素。没有吸引力的文化只可能成为一种传统，但是却不能够成为一种力量。要使博物馆文化成为推动历史进程的整体力量，就必须让博物馆文化具有更加强大的吸引力和凝聚力。这就对博物馆提出了更高的标准与要求，同时也为其提供了更为广阔的发展空间。今天，博物馆的功能与职能已经超越了传统的范畴，博物馆的形式与空间也突破了以往的馆舍建筑和固定的空间模式。博物馆文化的研究和实践领域随着时代发展而横向拓展、纵向深化，原有的理念一旦落后于实践，新的理念就会诞生。每一次变革都会使博物馆文化更为强大、更为有力。这一点已经在 20 世纪博物馆事业的发展中得到了证明，在 21 世纪博物馆事业的进一步发展中必将继续得到证明。我国的博物馆事业已从 100 年前的艰难起步，到 60 年前的重新出发；从 30 年前的阔步前进，到如今的走向世界。不久前，国际博物馆协会第 22 届大会在我国成功举行，既是国际博物馆界对我国博物馆事业的信任与支持，也是我国博物馆界对自己综合实力的凝聚与展现，“使我国博物馆界更加自信，敢于、勇于、善于发出中国强有力的声音”。

博物馆的社会责任与社会发展[①]

（2011 年 2 月 10 日）

伴随着博物馆定义确立以“为社会及其发展服务”为宗旨，国际博物馆界日益关注将“有助于人的发展与愉悦”作为博物馆的任务。博物馆服务社会的理念无论是体现在以专业化为基础的博物馆功能方面，还是体现在以社会化为基础的博物馆职能方面，都逐步拉近了博物馆与广大民众的距离，从而改善了博物馆的公共形象。目前，博物馆自身虽然存在一些亟待解决的问题，但是更为关键的是博物馆如何更多地参与到社会发展的进程之中，对于全球的博物馆来说，这都是现实的和永恒的挑战。

一、博物馆职能与社会服务

博物馆的建立与发展已经有了很长的历史。从根本上讲，博物馆是人类尊重历史、珍视艺术和崇尚科学的产物。但是，博物馆作为人类社会的一种文化现象，从诞生伊始就被打上了贵族文化、精英文化的标签，在发展的初期缺少社会服务意识。早期的博物馆多是以古物收藏宝库的形式存在，即使是被称为“全世界第一个对公众开放的大型博物馆”的大英博物馆，在最初的阶段由于开放时间的限制、申请程序的烦琐，普通社会民众难以利用，因此未能融入

① 此文发表于《四川文物》，2011 年第 1 期，3 页，2011 年 2 月 10 日出版。

社会生活之中。整个 19 世纪，博物馆对于社会民众来讲是冷漠的，没有或仅有少量博物馆作为公众服务设施对外开放。直到 1945 年以后，随着社会环境和公众要求的变化，博物馆的社会角色也开始发生变化，逐渐产生社会服务意识，博物馆文化开始与“贵族文化”拉开了距离，知识传播逐步代替“宝物收藏”成为博物馆更重要的主题，但是变革的步伐依然缓慢。20 世纪 60 年代以后，真正的公众博物馆的概念才逐渐明朗，博物馆的工作重心开始逐步向社会服务倾斜。20 世纪 80 年代，世界进入“博物馆繁荣”的时代，国际博物馆领域也确立了为社会服务的宗旨。与此同时，博物馆的功能不断拓展，在延续文化遗产征集、保护、诠释等功能的同时，对当地经济社会发展也起到了重要的推动作用。

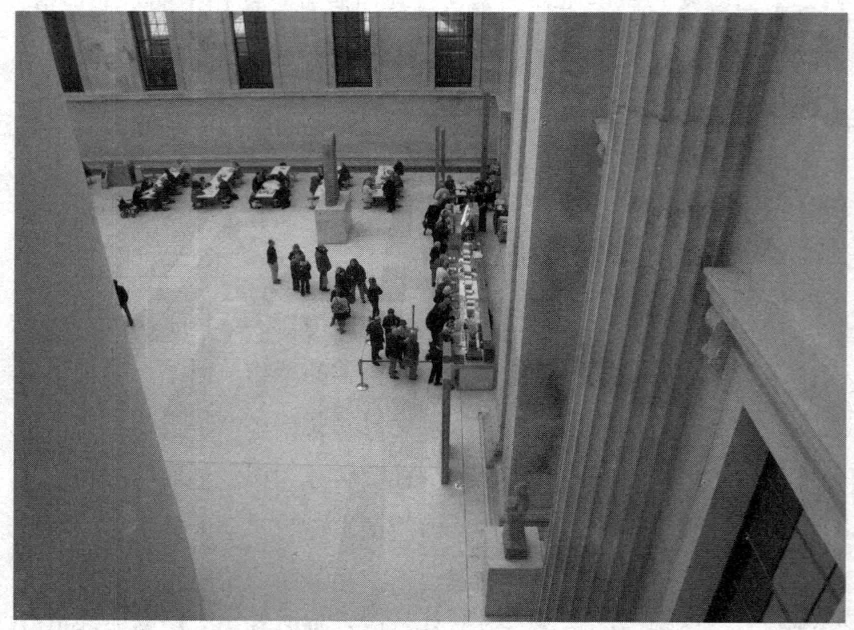

英国大英博物馆

30多年来，全世界博物馆的数量不断增长。博物馆在社会文化教育中的作用日益凸显，博物馆为社会服务的理念日益深化，博物馆的文化力量得到空前的释放，越来越深入地融入社会。今天，博物馆早已不再是当年“贵族的客厅”，也早已摘下了“高雅的殿堂”的神秘面纱。博物馆改革的重要目标是实践真正的社会服务。作为一个国家、一个民族或一个地区、一个城市的形象，博物馆所展示的是文明历史的缩影。博物馆是当代民众与历史、与文化对话的空间，是提高公民素质和培养文明市民的第二课堂，是提高城市品位和塑造文化城市的标志设施。正如F. 恩格斯（F. Engels）所说：“博物馆是一座城市的眼睛。”[①] 博物馆在社会服务的道路上不断探索，越来越深入地融入社会生活之中，以更加积极的姿态关注社会、服务社会。博物馆不应该仅仅是收集记忆的地方。然而，在相当长的时期内，博物馆在办馆宗旨上还存在“以物至上”的倾向。文物藏品固然是博物馆事业发展的基石，然而保存、研究博物馆文物藏品的主要目的，终究还是为了文明的传播与传承，即在妥善保护好、研究好文物藏品的前提下，根据现实发展需要，合理释放博物馆藏品所包含的文化内涵，使更多的人感受到人类文明成果的丰富、灿烂和辉煌，使广大民众得以借鉴、吸纳、继承前人的生存智慧和发展经验。

真正现代意义的博物馆，在我国仅有百余年的历史。但是，博物馆在各个历史时期都毅然选择了先进、积极的文化方向。博物馆在保藏中华文明物证、弘扬中华传统文化、启迪各族民众智慧、培育地域文化认同、构建世代爱国情怀等方面，发挥了巨大作用。在

① 徐宁：《关于博物馆在城市文明建设中发挥作用的几点思考》，见《携手2010：宁波国际博物馆高峰论坛论文选辑》，89页，非正式出版物。

此背景下，博物馆如何改变原有的封闭式管理与运营模式，如何更好地为社会及其发展服务，成为博物馆面临的新课题。事实上，我国的博物馆有联系社会、融入社会、服务社会的传统。例如当年东北博物馆[①]自建立之初，就筹办了“伟大祖国历代文物展览”“生产工作演进史”等陈列展览，并于1954年起组织流动展览小组，赴长春、大连、抚顺等25个城市和地区进行巡回展出，在全国首创了流动展览这一服务社会的展览形式，受到博物馆界的重视和社会民众的欢迎[②]。在国际社会，20世纪60年代以来，一些国家推行“把博物馆送到民众中间”的理念，“巡回展览”的模式在瑞典和前苏联十分流行，经过数十年的努力，在许多国家都取得了不同程度的成功，其中主要的成功模式之一是“流动博物馆”，例如法国的林德博物馆汽车，印度的加尔各答博物馆汽车、班加罗尔的工业技术博物馆流动科学展览，坦桑尼亚的国家博物馆流动展览车，美国和加拿大更有众多各具特色的流动展览车。

博物馆是推动社会变革与发展的文化力量。在我国，博物馆的教育功能、社会效益及公益性质，都是为了满足社会大众的需求。博物馆作为公益性社会文化服务机构，其使命就是“为社会及其发展服务”，不断满足广大民众日益增长的精神文化需要，促进人的全面发展。这也是公共文化机构的本质特征，是实现公民文化权利和文化福利的重要内容。博物馆拥有大量珍贵的文化资源，是别的文化机构难以提供的特殊的知识源泉，在博物馆中人们的文化需求得到满足，精神得到愉悦。同时，博物馆所积累的丰富的经验性资源，使其在区域性、全球化的世界里发挥独特的社会作用。随着科技革

① 注：今辽宁省博物馆。
② 刘社刚，崔波，长韦：《博物馆事业60年》，载《中国文物报》，2009-09-30（4）。

命的迅猛发展和全球化浪潮所导致的生产方式和社会结构的变革，博物馆工作的性质和特征不断发生新的变化，博物馆工作的组织结构及运作机制也出现了新的特点，需要新的创意与之对应。现代意义的博物馆不再仅仅是保护物质及非物质文化遗产的场所，还应该是一个底蕴深厚的社会文化机构，担负着传承文明的社会责任，而社会责任是博物馆的生命价值所在。今天，博物馆文化对社会责任的关注是文明进步的标志，彰显出人们的人文追求和精神品位。正是在这一背景下，要求对博物馆的功能与职能有新的定位。

目前，博物馆联系社会、融入社会、服务社会的基本功能定位问题并未解决，在传统观念影响下，一些博物馆和管理部门仍将博物馆仅仅看作文物藏品保护和研究的机构，将博物馆工作看作部门性、行业性、专业性的工作，认为自己是国家文化遗产的守护人，只对政府管理负责，对学者研究负责。在这种认识的影响下，一些博物馆知识垄断的观念根深蒂固，往往仅从学术角度用专业语言来阐释文物藏品内涵，指导陈列布展，开展各项活动；一些博物馆习惯于坐等参观者上门，对自己的陈列展览宣传不够，社会民众对于各类展览信息和博物馆举办的各类活动了解甚少；一些博物馆仅根据文物藏品特点来确定所传播的知识与信息，而对广大民众的需求与关注热点反应迟缓，甚至予以忽视，从而在公众心目中形成博物馆“保守、刻板、迟钝”的印象。理论与社会生活实践的脱节，严重影响了博物馆的社会形象，使其与广大民众之间存在距离感。“在建立公共形象方面，博物馆已落后于社会发展的需要，并进而影响到博物馆服务社会的效率与质量。”[①] 英国广播公司的一篇文章曾指出，“中国的博物馆往往是高高在上而板着脸的教官”，博物馆缺乏

① 冯好：《浅谈博物馆的公共形象》，载《沈阳故宫博物院院刊》，2008（6），27 页。

必要的亲和力以及凝聚力，没有将博物馆文化融入社会经济文化发展大潮之中，也没有使博物馆真正成为“产生意义”、体验快乐的地方①。

澳门科学馆

当前情况出现了转机，随着博物馆努力纳入国民教育体系的尝试，博物馆事业与国计民生的联系日益紧密，而通过实施全国博物馆向全社会免费开放，博物馆正在成为文化遗产事业中与公众接触最频繁、联系最紧密、影响最广泛的平台。时代需要博物馆的社会责任从保护文化遗产延伸到服务社会并促进社会和谐发展。如今，国际博物馆界已经明显地感觉到，博物馆的公共形象越来越影响到博物馆吸引观众的数量以及社会支持的力度，对于博物馆的生存和

① 孙媛：《新时期博物馆的选择——以杭州南宋官窑博物馆为例》，见《携手2010：宁波国际博物馆高峰论坛论文选辑》，115页，非正式出版物。

发展越来越具有实际意义。尤其是近年来快速发展的资讯业已经成为一个放大器，任何人对博物馆的建议和评价，都可以随着媒体、网络的传播被无限放大，进而在很短的时间内影响更多民众对博物馆的印象。因此，顺应社会发展趋势，构建博物馆的公共形象，作为一个亟待展开的新课题，已经引起博物馆界的关注。一方面，在博物馆工作中不能仅仅“以物为中心”，而应该同时“以人为中心”，以“为社会及其发展服务”为中心；另一方面，博物馆通过建立亲切的公共形象，引导市民将博物馆视为良师益友，将博物馆作为终身教育的课堂、文化休闲的场所，使博物馆从市民生活的旁观者变成参与者。同时，博物馆应担负起主动关注社会诉求、预测社会热点的责任，通过专题展览、咨询服务、互动等各种手段对社会舆论予以正确引导。

以往，我国的博物馆基本上是以收费参观的形式服务社会，博物馆免费开放之后，最显著的变化就是观众数量剧增。以河南博物院为例，自 2008 年 3 月下旬正式实施免费开放，至同年 7 月底，累计参观人数 53.6 万人次，这一数字甚至超过了 2007 年全年的参观人次，这体现出广大民众对博物馆免费开放举措的认可和响应，也是博物馆社会地位和影响力提升的重要标志。事实证明，免费开放为博物馆事业的发展营造了良好的社会氛围，注入了新的活力。博物馆界应以此为契机，提高社会服务水平，加大宣传引导力度，逐渐使参观博物馆成为社会公众的一种生活方式、一种文化习俗、一种休闲习惯，使博物馆成为培养公民文化素养的沃土。但是，博物馆免费开放之后，也暴露出一系列问题，例如：一些博物馆基础设施相对薄弱，难以适应免费开放后各项工作的正常进行；一些博物馆安全设施相对简陋，难以适应观众、文物和博物馆本身的安全要求；一些博物馆服务设施相对缺乏，难以适应一般观众、特别是特殊群体的服务需要等。种种新问题的出现，说明目前博物馆的发展滞后于服务主体的变化。面对新的形势，博物馆的社会教育工作需要加快进程，社会服务理念需要进一步提升，避免由于参观人数的增加，导致观众的需求被忽视和社会服务水平的下降。

对于博物馆而言，“为社会及其发展服务”就是努力使博物馆与观众之间相和谐，就是努力使博物馆文化与民众文化需求相协调，就是努力使博物馆事业与社会进步相统一，就是努力使博物馆的社会效益最大化。服务民众是博物馆的天职，如果不主动融入社会、拉近与公众的距离、增强博物馆文化的亲和力，博物馆就难以成为社会公众精神文化生活中不可或缺的组成部分，博物馆自身也不可能获得生存和发展的广阔空间。“以人为本”的理念模糊了身份、地位、收入、文化水平等方面的差别，消除了分享博物馆价值方面的障碍，使博物馆成为所有民众文化生活的一部分，增强观众参观的知识性和参与性，提高观众对服务的满意度，已经成为“为社会及其发展服务”的最好诠释。为了更好地贯彻“以人为本”的理念，博物馆在发展过程中越来越注重针对性、多样性、新颖性、参与性和自主性，以此来增加观众的满意度，满足不同观众的求知欲望和好奇心理，以贴近生活来体现生活的现实意义，以丰富多彩的活动满足观众的多方面需求。要由“以物为中心”，转向同时要“以人为中心”，关键是树立人性化的服务理念，举办与广大民众日常生活密切相关的陈列展览，使丰富多彩的博物馆文化进入社区生活、联系学校教学，吸引更多的公众走进博物馆，参与博物馆的相关活动。

从博物馆的发展趋势来看，“以人为本”“为社会及其发展服务”已经成为博物馆实现硬件与软件合理配置的主要依据。面向社会、面向观众的办馆理念和以观众为中心的服务宗旨，不是抽象的概念，而应该实实在在地落实在博物馆工作的各个方面。博物馆的社会价值虽然客观存在，但是不可能自动体现出来，即使博物馆有丰富的文物收藏、漂亮的馆舍建筑、优秀的研究人员，也只有当它以“为社会及其发展服务”为宗旨时，博物馆的文化价值才能得以实现。如果明确博物馆的所有工作岗位都要以服务观众为核心，那么博物馆所有工作人员的工作就有了明确的方向。不论是收藏、研究、陈列、教育、讲解或其他岗位，都是为公众服务的具体环节。因此，博物馆要加强对不同岗位员工进行服务意识教育和服务质量培训，使每一个环节都能为观众提供优质服务，使每一位走进博物馆的观众都能感受到风景如画的室外环境、整洁明亮的室内展厅、精美绝伦的文物展品、图文并茂的陈列展览、通俗易懂的文字说明、深入浅出的现场讲解、操作简单的导览设备、生动有趣的互动方式、

重庆中国三峡博物馆

标识清楚的参观线路、方便舒适的服务设施、独具特色的纪念礼品、热情主动的工作人员。如此，观众在博物馆内就会流连忘返，就会乐于把博物馆文化带回家，就会再次甚至经常走进博物馆，就会把更多的朋友带到博物馆来。

二、博物馆职能与社会合作

在博物馆与其他组织机构相互合作方面，例如科研部门、教育设施、文化机构、社会组织、企业单位、新闻媒体、民间团体、社会公众等，都拥有可以为博物馆所用的资源。为了使这些资源能够成为博物馆发展的积极力量，博物馆应与这些组织机构建立合作共享机制，使合作双方能够取长补短、各取所需，实现双赢。博物馆与科研部门，诸如社会科学、自然科学等研究部门之间建立长期稳定的战略合作伙伴关系，可以实现博物馆研究水平的提升；博物馆与教育设施，诸如高等院校、中小学校等之间建立长期稳定的战略合作伙伴关系，可以实现博物馆后续人才的培养；博物馆与文化机构，诸如图书馆、青少年宫等之间建立长期稳定的战略合作伙伴关系，可以实现博物馆文化的社会传播；博物馆与社会组织，诸如妇联、青联、残联等之间建立长期稳定的战略合作伙伴关系，可以提升博物馆文化活动的社会影响；博物馆与企业单位，诸如国有企业、民办企业等之间建立长期稳定的战略合作伙伴关系，可以实现博物馆强有力的社会支撑；博物馆与新闻媒体，诸如新闻出版、广播电视等传播机构之间建立长期稳定的战略合作伙伴关系，可以实现博物馆文化的广泛宣传；博物馆与民间团体之间建立长期稳定的战略合作伙伴关系，可以在博物馆建设及运营方面不断得到支持；博物馆与社会公众之间建立长期稳定的战略合作伙伴关系，可以增加博物馆的社会吸引力。

故宫博物院与苏州市人民政府合作框架协议签约仪式

建立博物馆馆际之间的合作共享机制，是指博物馆与其他博物馆相互合作，实现彼此资源共享的机制。任何一座博物馆都保存着独有的文化资源，例如独有的文物藏品、独有的研究力量、独有的展示场所、独有的宣传方式等。但是，对任何博物馆而言，所拥有的文化资源又相对有限，其事业发展都会受到自身资源的限制。博物馆之间只有加强合作，才能取长补短，才能打破自身资源的局限，促进博物馆文化的共同繁荣，推动博物馆事业更好更快地发展。因此，每一座博物馆均应建立与其他博物馆之间的合作共享机制，以自己的独有资源与其他博物馆的优势资源相互支撑，为观众提供更加优质的博物馆文化，从而实现馆际之间的资源共享。今天，建立博物馆与其他博物馆之间的合作共享机制，可以从多方面探索，例如建立藏品资源的合作共享机制，即通过博物馆之间的藏品交流，实现博物馆之间藏品资源的合作共享；建立人力资源的合作共享机制，即通过博物馆之间的人才交流，实现博物馆之间人力资源的合作共享；建立管理经验的合作共享机制，即通过博物馆之间的管理经验交流，实现博物馆之间管理模式的合作共享。但是，目前博物馆之间的交流合作机制尚不健全，博物馆之间的资源共享机制尚未真正建立，博物馆之间的藏品资源配置还不能发挥最佳效用。

博物馆馆际之间建立合作共享机制正是出于博物馆文物资源短缺的实际。虽然国家级、省级博物馆以及一些城市博物馆文物藏品资源丰富，但是从观众的需求和展览的需要出发，任何博物馆的文物藏品资源都显得十分有限。“一个博物馆的藏品再丰，品类再多，体系再全，不可能囊括全球之文物，穷尽人间之遗珍，总揽古今之瑰宝，涵盖地区之特色。”“正是面对有限的文物资源，博物馆更应以共享求持续，以智慧对‘短缺’。”[①] 只有实现博物馆之间的合作与共享，才可能全面揭示人类的漫长发展足迹，全面展现人类文明的多样性特征。巴黎是著名的国际旅游城市，巴黎的博物馆占法国博物馆总数的5%，接待观众数量却占总量的1/3，特别是外国参观者络绎不绝。为了使法国其他地区的博物馆，特别是地理位置偏僻、藏品类型单一的博物馆走出被人们遗忘的窘境，法国政府将邻近的博物馆组成网络，统一管理，例如斯特拉斯堡就把其周围的8个博物馆合并，并指定专人整体协调这些博物馆的工作。博物馆网络的成立把邻近博物馆的竞争关系转变为合作关系，让这些博物馆能够共享资源。同时，相关部门还制定了一些辅助措施，例如设定博物馆参观路线、发行博物馆通行证等，在一定程度上扩大了单个博物

① 陈燮君：《新的价值体系中的博物馆文化的力量与智慧》，载《浙东文化》，2008年创刊号，11页。

馆的影响力，使博物馆以较低的成本更加贴近民众，从而体现其公益性。

故宫博物院与克里姆林宫博物馆战略合作意向书签署仪式

2008年北京奥运会期间，国家文物局主办的“奇迹天工——中国古代发明创造文物展”取得圆满成功。可以说，没有博物馆之间的资源共享，就不会有这次大型文物展览的成功举办。在博物馆与其他博物馆相互合作方面，首都博物馆取得了成功的经验。近年来，首都博物馆所举办的一系列展览活动，许多都是与国内外博物馆合作及共享资源的成果。例如2008年北京奥运会期间，在首都博物馆举办的“北京文物精品展”“长江文明展”“中国记忆——中国古代文明瑰宝展”“紫禁城内外的竞技游戏展”和“公平的竞争——古希腊竞技精神展”等5项展览集体亮相，就有来自全国27个省市的70余家博物馆的文物精品，吸引了大批国内外来宾前往参观，在博物馆界和社会上产生了广泛的影响。辽宁省博物馆与沈阳故宫博物院实现人力资源合作、文物资源共享，充分发挥各自博物馆的优势，共同举办讲座，共同开展考察，共同攻关课题，利用辽宁省博物馆的场地优势，沈阳故宫博物院的研究力量和资金优势，共同举办文物资源更丰富、地域特点更鲜明、课题研究更深入、社会影响更广泛的展览和活动[①]。对于大量的中小博物馆来说，资源和影响往往均十分有限，通过地域相近或者内涵相通的博物馆之间的合作，联合开展博物馆展览和活动，可以形成合力，增强社会影响。

“奇迹天工——中国古代发明创造文物展”开幕式

在促进博物馆之间合作方面，各级政府和文物部门应给予关注和支持，通过制定博物馆发展总体规划，建立博物馆资源共享体系，鼓励不同类型的博物馆在藏品、资料、技术、设施和人才方面实现合作，使不同类型的博物馆在相互学习与交流中共同得到发展，从而提高博物馆的整体发展水平。通过制定相关政策法规，推动博物

① 郭富纯:《博物馆与城市文明》，见《携手2010: 宁波国际博物馆高峰论坛论文选辑》，104页，非正式出版物。

馆的馆藏目录向其他博物馆开放，为使各个博物馆的藏品资源实现共享创造条件。例如推动拥有较多文物藏品但无法长期陈列展出的大型博物馆与其他博物馆合作，使适宜陈列展出的文物藏品在不同的博物馆之间流动，以实现博物馆之间藏品资源的共享，充分发挥博物馆文物藏品的社会效益，提高陈列展览的更新频率，吸引观众经常走进博物馆。推动博物馆之间合作举办具有思想性和震撼力的陈列展览，设立国家支持的专项经费，支持各地博物馆，特别是中小型博物馆的陈列展览更新和服务水平提升，发挥博物馆的群体优势和整体效益。推动考古研究单位在考古发掘工作结束之后，依法及时将发掘出土文物移交博物馆，既使珍贵文物得到妥善保存，又使博物馆文物藏品得到补充。此外，各级政府和文物部门还应出台相关政策，推动博物馆之间的人才交流，实现大型博物馆对邻近地区中小博物馆的支持指导。有条件的地区还可以推动大型博物馆对中小博物馆的托管，以实现博物馆之间管理经验及人才资源的共享。

英国学者 K. 赫德森（K. Hudson）指出：“有必要破除博物馆与研究机构之间的旧障碍，有必要破除博物馆与博物馆之间的心理上的和等级上的障碍。必须要做的是在各级博物馆组织系统的协作。”博物馆馆际之间的合作将有限的资源集中在一起，增加了举办陈列展览的可行性。多家博物馆的联合，既分享文物藏品，保障展览质量，有利于为观众推出完美的展览，又分担运营风险，为每个博物馆提供展示自己的空间，为观众提供多层次的服务。博物馆馆际之间的合作，往往是在不打破相关博物馆的藏品所有权与管理制度的前提下，通过简化手续，实现文物藏品和人才资源更自由、更通畅的流动。博物馆之间互相借势、取长补短是较为常见，也是具有可操作性的合作形式。例如在本馆的文物藏品保护中引进合作博物馆的设备和技术，在本馆销售或宣传合作博物馆的纪念品或出版物，在本馆的宣传广告上刊登合作博物馆的展览信息，在本馆的网站上设立合作博物馆网站的链接等，这些都是双赢的合作模式。博物馆之间交流与合作的方式多种多样，仅就陈列展览方面的交流与合作就可以包括联展、巡展、互展、借展等方式。联展，即两家或多家博物馆就某一内容共同举办展览；巡展，即一家或多家博物馆举办的展览在不同的博物馆巡回展出；互展，即两家或多家博物馆相互交换同一类型或不同类型的展览；借展，即引进其他博物馆的展览，进行短期或长期的展出。

各国博物馆界的交流与合作有着悠久的历史，已建立了友好的合作基础与交流机制，应在此基础上进一步扩大博物馆的开放幅度，从而提高博物馆服务社会的广度与水平。英国东北部地区的泰恩和威尔博物馆组织，是一个区域性的博物馆联合体，由 12 家博物馆、画廊和档案馆共同组成，藏品涉及考古、艺术、历史、自然科学等多个方面，涉及地区、国家甚至世界上的重要历史事件。该组织由统一的机构和人员进行管理，在馆长之下分别设置分管不同区域的高级监理，并拥有统一的博物馆标志设计和统一的博物馆门户网站，这个博物馆联合体的资源共享不仅仅指展品资源的合作共享，还包括人力资源、管理经验与模式等的合作共享。所有加盟博物馆都可以方便快捷地了解其他加盟馆的资源状况，但由泰恩和威尔博物馆组织统一调配资源。这一联合体目前已接待来自世界各地的观众约 1600 万人次，有效地促进了英国东北部地区博物馆的繁荣发展，成为英国博物馆群资源共享的最佳案例[①]。日本江户东京博物馆通过到东京以外城市的其他博物馆巡回展出，将展品借用费、输送费、布

① 焦丽丹：《英国博物馆群落实共享体系》，载《中国文化报》，2010-01-13（6）。

展费、印刷费、展览图录费等经费由相关博物馆分别负担，从而减少了博物馆经费。该博物馆还通过与新闻媒体共同筹资举办展览，共享展览收益。例如该馆与朝日新闻社、TBS（东京广播）共同举办“世界遗产庞培展”，参观人数38万人左右，取得了良好的综合效益。

博物馆与其他社会成员的合作，是自身社会职能完善与发展的需要。博物馆作为实物资料的收藏、研究、展示机构，自身的特色和优势是其他机构所无法取代的，但是在发挥其职能的过程中，却可能遇到各种自身难以克服的困难，例如资金不足、相关资源匮乏等，这些都限制了博物馆活动的广度和深度，此时，与其他机构进行合作、向其寻求帮助是理智的选择。博物馆的社会合作应该是多元的，是一个复杂而多层次的社会合作体系。博物馆的合作伙伴既可以是考古研究部门、文物修复机构、民间收藏团体、展览策划单位等，也可以是新闻媒体，还可以是资助社会公益事业的企事业单位。博物馆应当有意识地使自身成为合作的受益者。博物馆与其他社会团体机构建立平等的、互利互惠的合作伙伴关系，是维系社会合作体系的保障。建立合作关系，既源于博物馆自身功能不健全，也源于需要不断拓展自身影响力以及充分发挥社会作用的目的。具有开放形象的博物馆能够更广泛、更快捷地吸纳社会资源，并在开放中扩展社会服务。因此，博物馆要主动探索与其他社会成员合作的路径，通过自身的行动和努力，改变长期以来自视清高的形象，重新塑造具有亲和力的社会形象，实现与社会各界的更好交流与合作。同时，博物馆在合作中应考虑其他社会成员正当利益的实现，以增加互信感和增强吸引力。

目前，人类文化在其物质层面和结构层面上，由于跨国家、跨地区的经济贸易合作、社会交流，已经达成了不少共识。但是在人类文化的精神层面，由于各个利益群体的文化传统与社会发展进程的不同，以及社会制度与意识形态的差异，更由于旧的国际文化秩序的存在，话语权仍掌握在少数发达国家手中，使得现实的文化交流具有极大的不平衡性和不对等性。虽然人类社会的发展实践已经证明，西方社会的发展模式和行为规范并非全世界所有国家实现社会发展的唯一道路和模式，西方社会的价值观念也绝非唯一的真理性判断，然而，现在一些发展中国家为了在西方文化中占有一席之地，取得对方的认同与对话资格，自觉不自觉地放弃了自己的价值体系，转而以西方文化和体制为楷模，努力在文化的理念与实践等诸多方面重新进行整合，其结果是民族文化个性的丧失和人类文化多样性的破坏。这已成为一些发展中国家普遍面临的问题。在这样一种世界格局下，我国博物馆界如何珍爱中华民族的优秀文化传统，抢救、发掘、整理最具民族特征的文化遗产并将其融入现代生活之中，使其在世界舞台上发出自己的声音，具有异常重要的意义。意义在于，只有每一个民族的文化特征得到充分发展和展示，整个世界才会更加丰富多彩，才会形成相互影响、相互映衬的世界文化的和谐局面[①]。

三、博物馆职能与社会支持

“社会支持”这一概念最早出现于20世纪70年代，属于心理学理论体系范畴，指个体所接收到的各种积极的社会作用，它们能增强个体的归属感、安全感和自尊。今天，社会各部门之间的联系日益紧密，综合性问题不断出现，涉及的领域更加复杂，需要各方

① 钟淑洁：《文明对话与世界文化的和谐发展》，载《人民日报》，2005-12-22（9）。

面协同解决，而不能仅凭一己之力。良好的社会支持有利于个体的健康，而恶性的社会关系则会损害个体的健康。随着“社会支持”这一概念逐渐为其他学科所借鉴，它已经由一个学科的专业概念向通用概念转变。将“社会支持”概念引入博物馆研究和工作中，既是从关注个体的身心健康，转变为关注一座博物馆的健康和良性发展，也是从生存的角度考虑哪些社会关系和资源有利于博物馆的发展，以及如何更有效地获取这种支持[①]。由于长期以来博物馆的社会职能定位是文物收藏、研究与展示，各项业务活动主要围绕这些内容展开，在其他社会活动方面则显得力不从心。博物馆不能独立地成功实现其目标，是博物馆需要广泛社会支持的根本原因。同时，博物馆在寻求和获取社会支持方面的意识比较薄弱，往往将视野主要局限于争取政府的资金投入和政策支持。这种状况说明博物馆潜在的社会支持尚未得到充分认识和有效拓展。为了博物馆更加健康全面地发展，有必要积极构建博物馆的社会支持体系。

在当今社会中，任何机构都不可能处于自我封闭的生存状态，必然与社会各界有着各种各样的关系。博物馆作为向公众开放的社会性公益机构，在满足社会公众教育、审美、感情以及认同等方面需求的同时，自身的健康发展也离不开社会其他成员的关注与支持。今天是一个开放与交流的时代，是一个资源共享、互利共赢的时代，加强交流与合作的观念逐渐深入人心。事实证明，博物馆是一个资源高度依赖于外部环境的组织，博物馆的生存与发展离不开外部力量的支持与协作，既需要来自政府的支持，也需要来自社会各界的支持。任何一座博物馆都不应将自身封闭起来，也不可能独善其身，关门办馆没有出路，只有加强交流与合作，才能实现博物馆的可持

① 刘迪：《博物馆社会支持体系刍议》，载《博物馆研究》，2009（1），20页。

续发展。同时，信息化时代的到来，为实现交流与合作的深度和广度发展，提供了前所未有的条件，无论是博物馆与其他社会成员的合作，还是博物馆之间的合作，都有利于优势互补，有利于在整体上提高效率，有利于实现“为社会及其发展服务”的目标，对博物馆的可持续发展有着极为现实的意义。因此，博物馆自身不能解决的问题应积极争取来自外界的支持，不但要分析哪些社会资源有利于博物馆的可持续发展，还要总结如何成功获取这些资源以建立稳固的联系。

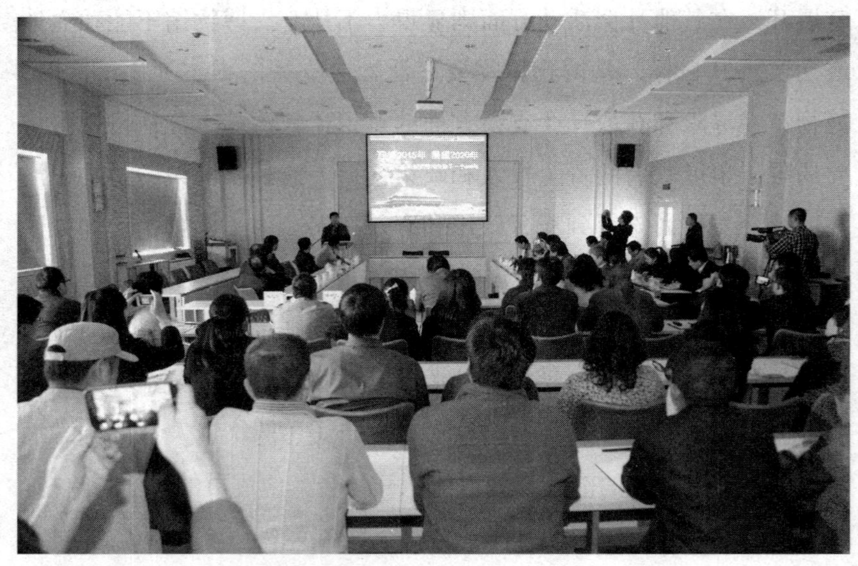

故宫博物院与敦煌研究院合作框架协议签署仪式

今天，为所在城市的各类文化活动提供专项策划服务、信息咨询服务以及专业技术支持，已经成为博物馆对外开放与扩大服务的重要途径。著名博物馆学家 G. H. 李威斯 (G. H. Lewis) 在其达喀尔黑人文化博物馆的设计规划中，曾经设想把 7 个学科即人类学、生态学、技术经济学、社会学、意识形态学、美学和史学的方法融为一体。英国奇切斯特市的菲什伯恩博物馆的陈列是由一名新闻工作者、一名考古学教授和一名设计师共同努力、发挥各自的职业专长而实现的，并取得了极大的成功。历史已经并将继续证明，“不从尽可能广泛的学科中吸取养料的博物馆学将会很快地枯萎而死”。时至今日，越来越多的博物馆人认识到，博物馆事业不仅仅是博物馆人、博物馆学专家的事业，更需要社会学家、心理学家、教育学家以及众多社会科学、自然科学方面专家的支持和参与，否则博物馆就只能游离于社会发展的轨道之外，并将永远处于科学世界的边缘地带。例如博物馆的陈列展览设计是艺术、学术与技术的结合，需要陈列设计人员、学术研究人员和藏品保管人员充分合作对话，因为每一件文物藏品在生命延续的历程中，不仅积淀了不同历史记忆，承载了不同文化内涵，还见证了不同环境变迁，要实现科学展示，不可能由单方面独立完成，而多学科的密切合作，能够更加有效地解决问题。

博物馆的社会支持，按不同角度可以划分为不同的结构，“按范围划分，包括国家支持、地方支持、社区支持等；按性质划分，包括经济支持、实物支持、智力支持、情感支持等；按主体划分，包括政府支持、社会团体机构支持、个体支持等”。各级政府对博物馆的支持是最根本、最稳定的支持，体现在财政拨款和政策扶植两个方面，公立博物馆对国家财政的依赖性大，拨款的力度直接关系着一座博物馆生存与发展的质量，政策扶植在于各级政府在文化政策中对博物馆的定位及其重要性的认识，以及相关文化政策、财政政策等方面对博物馆的具体优惠和倾斜，例如博物馆在文物艺术品竞拍中有优先取得权、博物馆商店免税等。社会团体和机构对博物馆的支持，不仅仅是一种单向的关怀或帮助，在多数情况下，更体现在通过合作方式来实现博物馆社会功能的发挥，或是无偿地向博物馆提供其自身所不具备的资源和手段。当前，各类社会团体和机构的支持是博物馆需要关注的重点。个体支持是指社会中的个体对博物馆的支持，这不仅体现在最基本的博物馆参观活动中，而且涉及更为深广的方面，例如作为博物馆志愿者、文物标本捐赠者等，来实现对博物馆的具体支持。个体支持虽然作为单体力量较小，但是，作为整体具有庞大的潜在基数和巨大的社会能量。

今天，博物馆正在发展成为与社会生活息息相关的现代文化设施，是吸纳知识、体验文明的地方，是陶冶情操、升华气质的地方，是了解社会、思考人生的地方，是舒适优雅、充满乐趣的地方。博物馆应努力摒弃行业神秘感，增加社会亲和力，应将社会公众作为重要的合作者，更多地考虑人们的多样化需求，考虑人们在博物馆中的行为方式与心理需求，扩大博物馆服务社会的范围，提升博物馆服务社会的质量，开展丰富多彩的博物馆活动。同时，应努力增进社会公众对博物馆的认知，构建博物馆与社会公众联系的纽带，使人们每一次走进博物馆，都成为一次真正的文化体验，引导社会公众文明、有序和理性地参观博物馆，逐步树立“感受博物馆”“尊重博物馆”的理念。博物馆有着丰富的实物资源，有着雄厚的学术力量，因此，社会公众对博物馆的需求必然多种多样。通过首都博物馆对观众的采访与调查发现，市民对博物馆的期望与需求已经远远超出博物馆藏品与展览所能满足的范围。博物馆教育与传播的职能并非仅仅依靠自身的文物藏品能实现，并非仅仅在博物馆的展厅内能实现，也并非仅仅依靠陈列展览活动能实现。从博物馆的生存与发展角度看，只有经常开展具有社会影响的文化活动，才能够凸显博物馆的价值与实力，从而更多地争取社会公众的支持。

上海全球博物馆志愿者开放论坛

台湾学者邵仙韵认为，“21 世纪的博物馆应该是多元化的，应该走出静态展览的金字塔，通过开展多层次、多形式的活动，主动走进民众，形成富有活力、灵活多样的开放式博物馆体系”。今天，博物馆需要加强与社会各类机构的合作与资源共享，发挥博物馆的平台优势。例如湖南省博物馆与湖南卫视、湖南经视等媒体合作，推出博物馆教育专题节目，其中《博物馆翻箱底》《天天向上》等电视名牌栏目，将该馆的社会影响扩大到更广泛的领域。事实上，不同地区、不同类型的博物馆以及社会上的其他组织机构往往都拥有能为本博物馆所用的资源，包括资金、场地、设施、人员、网络渠道、营销模式等。为了使这些资源能够为博物馆所用，英国博物馆大多致力于探索建立与这些组织机构的合作共享机制，使合作双方能够各取所需，实现双赢。例如与媒体和学校建立长期固定的战略合作伙伴关系，借用合作伙伴的资源优势。布赖顿和霍维博物馆为奥运会举办的“1650年至1930年英国具有中国艺术风格的物品展”，汇聚了来自英国50多家博物馆和科研机构的展品，其中包括皇家藏品和大英博物馆、国家美术馆、威尔士国家博物馆、苏格兰国家博物馆的文物藏品，开创了跨地区多家博物馆成功合作的先河。

一座博物馆应该通过丰富的文物藏品，开阔人们的文化视野，满足人们的求知欲望，丰富人们的生活体验，发挥启迪智慧、开阔思维的作用。英国的博物馆将管理的根本目标定位为“让民众成为博物馆的核心，让博物馆成为社会的核心”。为此，英国的博物馆在发展过程中高度注重融入社会，强调博物馆信息传播活动的“双向性”，着力改变以往博物馆“高高在上”的姿态，充分注重博物馆与社会公众的紧密联系与交流[①]。博物馆作为向公众开放的非营利性社会服务机构，要在当今激烈的社会竞争中生存与发展，不可能以一种封闭的状态存在，而是需要来自社会各界的支持与协助。今天，满足社会公众的文化需求应作为博物馆举办展览的根本目的；让社会公众喜闻乐见应作为博物馆开展活动的基本标准；使社会公众满意应作为博物馆自我实现的正确途径；让社会公众积极参与应作为博物馆各项工作的基本保证。因此，博物馆在吸引观众接受博物馆文化的同时，应该注重观众调查，做好展前、展中和展后的效果评估，经常征求社会公众的意见，尊重广大民众，虚心听取观众的价值评判。

近年来，博物馆越来越重视与学校、社区的互动，鼓励当地民众参与陈列展览的策划及文化交流活动，在博物馆馆舍内外开展各类颇具特色的活动。例如有的博物馆组织艺术节庆，既展出本馆的特色文物藏品，又允许公众提供展品，提高社会公众的参与性，使人们在博物馆既获得知识，又可以实现个人收藏展示；有的博物馆

① 焦丽丹：《免费开放下的英国博物馆（上）》，载《中国文物报》,2009-12-16（7）。

组织动手活动，配合主题展览开展科技实验或手工艺品制作，为观众提供参观之外获得技能的机会；有的博物馆组织冬令营、夏令营，在寒暑假期间为学生提供有趣的实践和实习机会；有的博物馆组织主题旅行，结合博物馆的展览陈列内容，组织观众到考古遗址现场或文物景点参观，使观众获得更为直接的体验；有的博物馆组织电影鉴赏活动，结合陈列展览内容，播放相关的主题电影或录像资料，可使观众有偿在馆内使用或向馆外出租；有的博物馆组织艺术创作活动，创办或与艺术家合办工艺制作工作室，指导观众自己进行艺术创作。例如美国的大都会美术馆，设有纺织品研究室，成为时装设计人员梦寐以求的研究园地。该馆还设有版画素描研究室、青少年美术馆等，举办艺术讲座、研讨会、电影放映与音乐会，定期出版《大都会美术馆馆刊》等数十种期刊读物。

“古书画临摹复制与装裱修复技艺展”

随着时代的进步，博物馆的社会功能与价值体现越来越充分，积极探讨博物馆与社会发展的关系，建立充分发挥博物馆服务社会职能的有效机制，成为各国博物馆界共同面临的重要课题。为此，欧美国家提出了一个新的理念，即享受博物馆。博物馆是人们娱乐休闲的理想去处，是自主学习的优雅课堂，应该让观众以愉快的心情更新文化知识，享用品质空间，接受优质服务，体会快乐人生。目前国际博物馆界正在探索一些新的方法，让公众感到来博物馆是一种享受，使观众参与到陈列展览和各项活动中来。不论是自然科学还是人文科学，在博物馆的氛围里，人们都可以得到在其他场所难以获得的享受[①]。社会公众希望博物馆能满足他们获取知识与娱乐休闲的需求；能够舒缓现代社会越来越快的生活节奏；能够减轻现代社会越来越大的工作压力，在增长知识的同时，使人们感受到参观博物馆充满乐趣。因此，越来越多的博物馆努力打破传统的封闭模式，加强与社会的联系，提高社会化程度，注重广泛参与，逐步向社会开放，走出博物馆的大门，走进社区民众中间，实现博物馆和社会的互动与交流。一方面，可以从社会需求方面调整博物馆自身的工作，以适应社会的发展；另一方面，可以从社会当中吸收有利于博物馆发展的资源。

可喜的是，目前本地观众越来越多地走进博物馆，这是公众主动认知博物馆的积极表现，也为博物馆融入社区、社会创造了契机。社会责任是博物馆的生命价值所在。博物馆应强调“为社会及其发展服务”，体现外向的、多维的、以公众需求为中心的文化精神。博物馆展览走出馆舍，走进社区，不仅宣传了博物馆，更重要的是密切了博物馆与社区的关系，这是当代各国博物馆的共识。美国克利夫兰艺术博物馆设有专职岗位负责社区活动，每年都要与附近社区合作组织若干次主题鲜明的博物馆活动。2002 年，克利夫兰艺术博

① 李承森：《博物馆的教育功能亟待开发》，载《光明日报》，2005-09-28（5）。

物馆曾在狂欢节期间组织了题为“灯笼”的主题活动，吸引了2000多名当地社区的居民参加，他们亲自制作了600多个各式各样的灯笼参展，吸引了国内外5万多人参观。自1967年开始，美国史密森尼协会每年都会在国家大草坪举办民俗生活节，以此展示美国文化的多样性。这一活动在每年7月4日前后举办，每次为期两个星期以上，此时国家大草坪就会变成音乐演出、互动节目、视觉艺术、制作工艺、文化讲座、民族舞蹈和烹饪表演等活动的临时场所，每次活动都能吸引100万左右观众参加。在这一活动举办期间，附近的其他博物馆也开放场地，提供特殊节目、活动和展览[①]。

四、博物馆职能与社会参与

“参与”是相关利益群体影响和共同管理与他们相关的发展活动和决策以及资源的过程。对于我国来说，“公众参与权利”是指公民依法通过各种途径和形式，参与管理公共资源、社会事务的权利。博物馆的诞生与发展根植于社会，对博物馆本质的研究必须与社会公众互动。公众参与是促进博物馆事业发展的有效途径和工具。博物馆所涉及的知识、意识、技能、情感等都属于社会公众参与的内容。博物馆事业的社会公众参与强调，博物馆事业不是各级政府部门和博物馆工作者的专利，而是广大民众的共同事业，每个人都有参与博物馆建设、管理、发展的权利和义务。社会公众参与表明了一种全新的公民责任、权利以及治理观念，体现了社会公众能够实现自我管理的理念，即社会公众通过影响那些涉及他们生活、就业、社区、环境等社会事务的决策过程实现自我管理。目前，虽然博物

① D.弗伦奇曼：《北美的节庆活动——场所：城市的内涵和形象塑造》，载《国外城市规划》，2006（6），13页。

馆工作仍然以政府管理为主，但是政府管理主要体现于法律规范和政策支持，不可能事无巨细。博物馆事业涉及的范围广泛、情况复杂，如果仅凭博物馆自身的力量，不足以推进博物馆工作良好开展，因此应注重促进社会公众参与进程。但是，社会公众参与博物馆工作需要相应的方法和机制，才能达到促进博物馆可持续发展的目的。

我国绝大多数博物馆是实物遗存的管理者和文化信息的拥有者。长期以来，博物馆凭借实物、文字、电子媒介，以陈列展览作为综合传播方式，与观众进行着理智、成熟、有效的沟通和交流。这种传播虽然真实准确、生动直观、广博系统，但是也因时间和地域的限制，影响沟通和交流的效果。为了吸引更多的社会公众，博物馆需要强化基本陈列的更新机制，有计划地更换展品，使一成不变的静态知识变得生动有趣起来。例如“台北故宫博物院”每三个月就要全面更新一次展品。定期更换展览是吸引所在社区居民走进博物馆的有效办法。发挥文物资源优势，举办临时展览，也是满足社会公众求新求变心理的有效措施。临时展览以其选题新、时效性强、内容丰富多彩以及常办常新的特点而深受广大民众喜爱。如今社会公众对博物馆的需求已经不局限于某次特定的展览，对博物馆展览不断产生新的期待，因此博物馆需要策划一系列展览活动，以满足观众的需求。例如国家博物馆从 2000 年起推出“边疆古代文明系列展”，包括西藏、内蒙古、新疆、云南等地的一系列展览，集中展示了我国作为多民族国家的整体风貌。每次展览期限一般为三个月，每次展览的观众量均高达 10 万人以上。据国家博物馆的统计，观众中 80% 以上是北京当地观众，观众在展厅内的停留时间大都在两个小时左右，说明人们对这些陈列展览抱有极大兴趣。

2009 年 4 月，成都金沙遗址博物馆与四川航空公司联合举办的“金沙文化月——四川航空梦回金沙之旅”文化推广活动，在北京飞往成都的航班上拉开了序幕。中国文化遗产标志“太阳神鸟”，继2005年10月17日搭载神舟六号飞船遨游太空后，此次再次携带着远古先民的美丽梦想，飞上蓝天，开展了一次与南来北往乘客的直接对话，开创了空中探秘博物馆的先河。在30天的活动中，由北京、上海、太原等城市飞往成都的4条航线120个航班上，金沙遗址博物馆的优秀讲解员和经过专门培训的各航班乘务员担任起金沙文化的解说员，直接面对来自四面八方的约24000名乘客，详细介绍金沙遗址博物馆及出土的精美文物；各航班的电视屏幕循环播放金沙遗址的宣传片。活动期间，累计发放有关博物馆的各种宣传折页上万份，并以互动的方式向乘客赠送了中国文化遗产标志“太阳神鸟”纪念徽章以及金沙遗址博物馆的特色旅游纪念品360件，赠送金沙遗址博物馆的门票240张。此次活动受到了广大乘客的普遍好评。中国国民党荣誉主席连战先生和夫人乘坐航班时，对金沙遗址博物馆这种活动的新颖性与独创性加以赞赏。此次活动的开展是博物馆文化推广的有益探索，更是博物馆文化宣传多样化形式的一次全新尝试[①]。

我国的博物馆事业坚持政府主导、社会支持、公众参与的原则，动员和鼓励广大民众积极参与。在这一情况下，公众对待博物馆的意识和态度，公众对博物馆发展的关注、参与和支持程度，都直接影响博物馆工作的开展和社会环境的改善。今天，博物馆应该成为广大民众生活中不可或缺的朋友，保障公众文化权益应该成为博物馆不可推卸的责任，走进博物馆应该成为人们喜爱的公共生活方式之一。因此，博物馆事业不仅是一项专业性、学术性、部门性、行业性的工作，更需要广大公众的积极参与。2008年的相关调查资

① 金沙宣：《金沙遗址博物馆开启“空中展厅”》，载《中国文物报》，2009-12-02（7）。

料显示，关注博物馆陈列展览信息的民众仅为54.9%。还有不少社会公众虽然关心博物馆陈列展览信息，但是却没有走进博物馆参观展览。其中25.4%的观众只去过一次博物馆，只有4%的观众在过去的一年内去过5次以上博物馆，这说明大多数民众缺乏体验博物馆文化的经历。现阶段博物馆事业的重要任务，一方面需要通过宣传教育提高社会公众对于博物馆文化的认识，另一方面需要组织丰富多彩的博物馆文化活动，调动社会公众参与的积极性，最终转化为支持博物馆发展的实际行动。必须承认，目前广大民众对于博物馆文化还缺乏理性的认知和发自内心的认同，还未形成全民参与的模式，公众参与博物馆事业尚处于起步阶段。

中国人民革命军事博物馆建馆50周年纪念活动

人们往往把参观过博物馆陈列展览或巡回展览、参加过博物馆各种教育服务活动的社会公众称为“博物馆观众”。但是，在当今高速发展的信息时代，“博物馆观众”显然已经超出了原有概念的局限性，特别是在博物馆免费开放之后，“博物馆观众”进一步扩大为整个社会公众，而“博物馆观众”构成的多样性势必促使博物馆在原有收藏、研究和教育的基本功能上发生新的变化，进一步融入社会，走进生活，其观光、休闲和娱乐的职能愈加明显。2009 年 5 月 18 日，国家文物行政部门为首批国家一级博物馆举行了授牌仪式。83 家单位荣获此称号。在《博物馆评估定级标准及评分细则》中，观众一级指标项目中“社会认同感”的总分值为 22%，从中可以看出，博物馆存在的意义和价值依赖于广大民众，只有观众认可满意，最终才能释放博物馆的生命力，发挥博物馆的作用，不断地扩大其社会影响力。公众参与博物馆事业，需要从内因和外因两方面进行考虑，内因是公众对博物馆发展的意识和期望，是公众参与博物馆事业的先决条件和潜在动力，公众参与的愿望为博物馆工作开辟了新的途径；外因是指社会、政府、舆论的力量为公众参与提供的环境因素，社会公众对博物馆工作的认可、社会支持博物馆发展的热情、媒体对博物馆文化的宣传等，都是推动公众主动参与博物馆事业的积极因素。

目前，从社会参与博物馆工作的方式来看，参与模式途径单一，组织形式覆盖面窄，活动缺乏必要的策划。一些博物馆所组织的活动参与者少，活动的效果也不尽如人意。不少博物馆的陈列展览采用形式雷同的昏暗氛围、常年不变的陈列内容、难辨方向的参观路线、难以读懂的说明标志和喧宾夺主的室内装饰，再加上与博物馆文化毫无关联的纪念礼品，缺乏缓解观众饥渴劳累的服务设施，使观众在博物馆感受不到温馨典雅，享受不到舒适快乐。同时，我国公众参与博物馆事业的时间不长，对博物馆文化认知的广度和深度都存在欠缺，需要建立长期有效的公众参与博物馆事业的机制，将博物馆公众参与长期化、制度化，这样才能保证参与博物馆事业的社会公众的数量和质量，实现可持续发展。随着社会需求的增加，博物馆信息传播的内涵也在不断扩大，博物馆融入市民生活的范围扩展迅速，经济、政治、文化、社会等与民生息息相关的内容，都可以进入博物馆所关注或传播的领域，从而使博物馆的服务范围与社会影响力不断扩大。从博物馆宣传活动的途径来看，电视、网络等现代化的传播途径可以有效地让更多社会公众参与进来，因此博物馆传播活动可以采取信息获取和实际参与相结合的方式，增加博物馆活动宣传的覆盖面，使公众参与博物馆事业成为常态。

要实现社会公众的参与程度不断提升，就要求博物馆合理确定相关活动目标，通过科学的方法组织策划推广活动，把握每次活动的内容形式、受众范围、预期目标、宣传方式等方面的内容，提供有效的公众参与方案，有针对性地提高群体意识和参与热情，提升公众参与博物馆工作的实际效果。在实际工作中，社会公众参与的效果评定和经验交流也是博物馆活动的重要环节，以期在更大程度上达到全民参与的效果。因此，要建立以展示教育、开放服务为核心的博物馆质量评价体系，建立社会、政府、媒体、公众代表相结合的对博物馆展示与社会服务的监管制度与监督体系，定期对博物馆展览和服务水平进行检查、抽查、监督、评估，开展博物馆评估定级和分类指导。法国博物馆界每年都由博物馆的主管部门组织专家、市民、学生和议员等社会力量，对博物馆进行评估考核，不仅包括博物馆面向社会的展览和服务等工作，还包括一个很重要的指标，就是社会公众对博物馆的满意度。管理部门可以将评估结果作为博物馆资格认定年检和博物馆评估定级工作的重要依据，作为一种综合管理的手段。只要博物馆细心倾听社会各界的意见，时刻把观众的需求放在首位，一切以观众的需要为根本，举办更多更好的展览和活动，就一定能够吸引越来越多的观众走进博物馆。

广泛的社会参与有利于提升博物馆的社会影响力，形成良性的循环互动，吸引更广泛的社会支持。我国博物馆界于每年5月18日“国际博物馆日”都会根据国际博物馆协会确定的主题，开展形式多样的纪念活动，产生了良好的社会影响，增进了全社会对博物馆事业的了解和支持。2007年，南京博物院举办评选‘南京博物院镇院之宝”活动，事先对42件候选“镇院之宝”以专家和记者合作的形式，每天一篇，介绍一件宝物，连续一个多月发表于当地晚报，引起市民朋友广泛关注并踊跃投票评选，再结合专家评选，最后评出18件“镇院之宝”，之后又隆重举行“镇院之宝”特展．每个环节都有媒体做深入报道。此次活动及宣传工作，对提升博物馆的美誉度和吸引力，形成南京博物院品牌，无疑起到了积极作用[①]。近年来，中国人民革命军事博物馆连续举办了一系列具有社会影响的大型主题展览，例如2006年的“伟大壮举光辉历程——纪念中国工农红军长征胜利70周年”展览历时56天，接待观众201万人次；2007年的“复兴之路”和“我们的队伍向太阳——新中国成立以来国防和军队建设成就展”两个大型主题展览，观众总数也分别突破了200万人和达到248万人，创造了国内临时性主题展览观众总数和日平均数的最高纪录。

以往，博物馆习惯于只扮演“行业角色”，其工作节点、思维视野往往只专注于馆舍内的各项工作，很少深入思考如何为城市文化建设和社会和谐稳定服务。但是，今天任何一座博物馆，不论规模大小，不论是国际性的还是地区性的，都必须拓展博物馆的功能和职能，不仅如此，社会、环境和文化方面的挑战也要求现代博物馆积极地参与，通过恪守互利互惠和彼此尊重的原则，在当代动态多变的社会环境下充分发挥地区文化的潜能，在不同文化背景的民

① 邓健：《论博物馆如何通过陈列展览吸引观众》，载《东南文化》，2010（1），100页。

族之间建立彼此理解和相互欣赏的牢固关系，为创造全球性的文化空间做出贡献[①]。海伦娜·弗里曼认为，“对未来的欧洲博物馆来说，一个最重要的问题是它们与公众的关系。要吸引人们的关注已经成为一个突出问题”[②]。我国博物馆实行向全社会免费开放，堪称共享多元文化、促进社会和谐的一大举措。免费开放使博物馆能够更好地融入社会生活，在与社会的互动中提升自身水平和服务能力，更好地实现自我价值。在此背景下，博物馆的角色要转型，思维要转变，不仅要做好馆舍内的各项工作，还要担当起城市对外交流的“文化大使”重任，策划有利于提升城市影响力和美誉度的文化活动。如今博物馆走出自我的小圈子，融入与公众联系更强的社会大循环中，广大民众的认识、感悟、参与等现实需求，都应该成为博物馆改进服务工作的指南。

山东省博物馆“十大镇馆之宝”揭晓仪式

① 谢尔盖·Y. 格里申：《谢尔曼诺夫斯基雅马尔—涅涅茨博物馆：前景和挑战》，载《国际博物馆》，2006（2），100 页。
② 海伦娜·弗里曼：《没有围墙的博物馆》，载《国际博物馆》，2006（2），55 页。

博物馆通过多样性与公众的参与，可以建构起面向未来的公共文化服务机制，形成符合时代发展趋势的新型博物馆文化生态。自贡地区恐龙化石埋藏丰富且易于发现。自贡恐龙博物馆是建立在恐龙化石遗址上的一座遗址类自然博物馆，除了在馆内布置有特色鲜明的展厅外，每年暑假工作人员都带着展板、展品、影像资料等，走出馆舍，走进周围社区。在社区，由专家向放假在家的中小学生和社区居民讲述博物馆和恐龙古生物知识，开展趣味恐龙知识竞赛、恐龙画和恐龙模型制作有奖比赛，并在此基础上开展“恐龙就在你脚下”的野外化石寻宝活动。中小学生和社区居民对寻找身边的恐龙活动热情高涨，他们根据专家的提示，对身边有可能埋藏化石的地方进行调查分析，并将有关线索及时报告，博物馆方面适时进行辅导，协助或带领大家实地调查或试探性发掘。这一活动成效显著。近年来，自贡恐龙博物馆的“杨氏马门溪龙”“合川马门溪龙”“汇

四川自贡恐龙博物馆

东四川鳄”以及贡井地区的大量恐龙脚印化石等，都是由社区居民发现并及时报告后，由博物馆组织发掘保护的。近年来，长沙简牍博物馆立足于湖南，开办市民文化遗产讲堂，主要讲解长沙历史风土人情、湖湘文化、简牍历史、艺术书法等，为民众提供了走进博物馆、参与博物馆工作的机会。

五、博物馆职能与社会共享

城市不仅是物质资源、精神资源、人力资源和智力资源的集萃地，而且也是生产与消费、交换与交通、变革与发展的最前沿，其对实现社会全面、健康、快速、持续发展，具有极为重要、无可替代的拉动力量、提升功能和示范作用。博物馆高度自觉地运用文化的效能和力量，不断地给经济以推动、精神以鼓励、生活以愉悦、社会以和谐，积极营造浓厚的文化氛围和良好的人文环境。今天，要占据文化发展的制高点，就必须从所追求的目标和所特有的基础出发，真正利用现有文化优势来实现文化目标。为了实现这一目标，就必须深刻认识和充分发挥博物馆文化特色与文化优势，并不断通过文化创造，使特色更明显、优势更强大。如今，博物馆能够满足人们的多种精神文化需求，例如科学知识、人文精神、艺术鉴赏、美的享受①。博物馆的这一特性决定了它是公共文化的积极参与者和推动者，其作用也不仅仅表现在文物的收藏、研究和陈列方面，还表现在为引领公共文化建设、弘扬文化精神、搭建多元文化交流平台等方面所发挥的特殊作用，博物馆以其独有的文化资源和文化方式为社会发展服务。博物馆不但要继承传统，同时也要适应时代的发展和社区的需要不断地创造和更新。成功的博物馆必定在保持自

① 武斌：《论博物馆的社会责任》，载《沈阳故宫博物院院刊》，2008（6），1页。

己文化传统的基础上进行再创新。坚守历史传统、适应时代需要的文化创新是博物馆发展的灵魂和活力。

当前在我国，保持经济的较快增长速度十分必要，因为我国仍然是一个绝对收入水平较低的国家，只有保持经济的较快增长速度，才能积极创造就业岗位，提高人们的收入水平，增加人们的快乐和幸福。但是，西方国家过去的经济增长方式不适合今天我国的国情。经济增长方式的转变不应只是一个经济问题，而应该与文化、社会、环境等方面的发展协调起来，以促进整体协调发展。这样的经济增长方式才能增加人们的快乐和幸福。“从这一点出发，中国经济增长方式应实现四个方面的重大转变；一是从粗放型向集约型转变；二是从数量型向质量型转变；三是从物质型向知识型转变；四是从资源型向生态型转变。”[①] 在我国经济增长方式得以转变，集约型、质量型、知识型和生态型增长方式得以实现时，人们的生活水平和质量就会得到较大提高，人们的快乐和幸福就会得到增长。随着我国经济社会进入新的发展阶段，广大民众的家庭支出结构也发生了新的变化，生活消费水平跨上了新的台阶。文化性消费、休闲性消费、保健性消费在人们的家庭支出结构中所占的比重越来越大，其中文化消费将成为重要的组成部分。人们的消费不能以物为中心，而应该以人自身为中心，实现人的自由全面发展。要想在经济社会发展的同时，极大地提高人们的快乐和幸福，就必须关注和实现人的自由全面发展。

进入新世纪以来，人们见证了博物馆发展繁荣时期的来临。博物馆是现代社会发展的产物，在社会生活中所扮演的角色随着社会变革而转变。随着博物馆所处外部环境的改变，博物馆与社会公众

① 曹新：《经济增长与快乐和幸福》，载《光明日报》，2007-01-16（10）。

的关系也在发生着巨大的变化，博物馆不再单纯是文物收藏机构和陈列展览场所，而是更关注社会公众对博物馆的期望、理解和认同。“我们为什么去博物馆？”2005年，著名作家和新闻记者C. 道格拉斯（C. Douglas）在一篇获得年度最佳论文奖的文章中，曾严肃地提出这个问题[①]。社会公众是博物馆的“根”，如果社会不需要，公众不欣赏，博物馆就会失去存在与发展的前提。“我们说博物馆要融入社会的发展，考虑公众的需要，这个‘融入’‘考虑’并不是简单地迎合，而是一种积极的嵌入，与社会发展的需求相协调。”[②]一方面，博物馆应积极引导社会公众走进博物馆，并逐渐养成经常参观博物馆的良好生活习惯；另一方面，博物馆必须调整工作思路，对社会公众产生更大的感召力和吸引力。例如在博物馆内，除了展览大厅外，还应根据社会公众的需求，增加开展学术交流、展示民间收藏、购买特色礼品等的附属设施以及快餐、茶座等休闲场所，只有多功能、立体化的博物馆，才能满足社会公众多方面的需求，才能使博物馆具有更多的文化功能。

今天，博物馆不但应允许社会公众积极参与博物馆事务，而且博物馆自身亦应积极参与社会变革与发展。当前，我国经济发展迅速，科学技术日新月异，民众的物质生活水平大幅度提高，人们的思想观念、生活方式等不断发生变化，社会正朝着现代化不断迈进。全面意义上的社会现代化，不仅包括物质和技术，而且包括文化和精神，这是人们更为合理的生存和生活方式，是更为完美的人格和人生，是一种理想的生活状态。随着人们生活水平的提高和闲暇时间的增多，人们有更多的机会参与文化活动，参观博物馆成为

① 刘克成：《到博物馆去》，见《建筑与文化》，2007（2），10页。
② 白藜播：《省级博物馆的社会价值、责任及发展方略》，见《携手2010：宁波国际博物馆高峰论坛论文选辑》，24页，非正式出版物。

越来越多的社会公众接受文化熏陶、获得艺术启迪的高雅文化活动。而且随着人们对文化的关注和对知识更新的需要，社会公众对博物馆提出了更多的期望与要求。不同的时代塑造不同的博物馆，人们需不需要博物馆，需要什么样的博物馆，这些都有着深刻的时代烙印。“在美国早期博物馆事业的发展中，博物馆在某种程度上甚至有可能取代宗教机构，成为帮助新移民建立家庭与社会的价值的重要纽带。”① 所以博物馆在一个国家可以成为文化成就的象征，成为精神价值的象征。今天博物馆正在从更多的角度介入当代人类的生活。“正如一位博物馆界人士所说，‘2000 年以前，是专家办博物馆，博物馆办给专家看。但进入 21 世纪以来，这种现象有了质的变化，这是一个中国博物馆走向寻常百姓的世纪’。”②

从“公众参与”进一步走向“社会共享”是时代的呼唤。2008 年，我国的“文化遗产日”从保障公民文化权益的角度出发，将主题定位为“文化遗产人人保护，保护成果人人共享”，以“共享”来满足广大民众日益增长的精神文化需要，以“共享”来激发全民共同保护文化遗产的热情，以“共享”来平衡社会各方面的文化遗产权益。文化遗产的多样性以及时代需要的变化，对博物馆提出了保护与传承方法多样化的要求，尤其许多社会乃至全球问题的出现，更为完善博物馆功能与职能提供了多维思考的基础，同时这也是有效解决博物馆结构失衡问题的重要依据，从而使博物馆更加充满活力，使博物馆的影响辐射到社会每个角落。今天国际社会强调博物馆的可进入性，例如主动为贫困和远离博物馆的观众提供交通或子女托管服务，使其能够享有同等的参观权利。一些博物馆以完善先

① 郑勤砚：《迈向真正的公共性》，载《中国文化报》，2009-02-05（3）。
② 李玫：《博物馆走进社区的意义及途径》，载《博物苑》，2008（1），25 页。

进的设备设施为基础，以人性化服务理念为原则，增加多语种导览图、多语种讲解服务、触摸屏查询电脑、智能化语言导览机、休息座椅、红十字药箱、自助购物机等设施，方便社会公众参观，并为残障人士准备了轮椅、可移动式坡道板。英国博物馆针对残障人士、老年人、未成年观众等有特殊需要的参观群体量身定做不同的服务设施，在展览中采用盲文的展示说明牌，允许盲人观众携带导盲犬进入展厅，并为导盲犬提供饮用水等。

法国巴黎盖布朗利博物馆

当今社会，博物馆的观众更加广泛，要求更加多样化。针对个性化要求、差别化要求，博物馆需要提供更加细致周到的服务。2007 年，卢浮宫博物馆接待游客数量高达 830 万人次，连续 5 年打破纪录，每天都面临人满为患带来的种种问题，参观者与保安人员之间的冲突不断发生。为解决这一难题，卢浮宫博物馆于2008年启动了一项文明礼貌活动，要求公众尊重展品。卢浮宫博物馆认为，不应该因为人多而变得不再好客，恰恰相反，应该更多地关注那些由于社会、经济、文化和身体原因没有机会进入博物馆的弱势人群。卢浮宫博物馆设计了一个提供大量的文物藏品介绍和互动短片的网站，让艺术爱好者足不出户就能大饱眼福。此外，他们开始培训大批教师、导游成为“参观推荐人”，并且开发了一种多媒体语音导游器，可以为孩子、盲人和聋哑人等提供各种主题的参观讲解①。同时，卢浮宫博物馆每周五开办包含舞蹈艺术表演等活动内容的夜场，免费招待普通市民；在画廊为青年人提供素描、临摹的条件；为残障人士开辟触摸式展厅；与较“贫困”的学校建立联系，将该校的班级命名为“卢浮宫班”，定期组织学生们参观②。在卢浮宫的大厅里，还为观众提供了各个语种的免费导览图。这些导览图不仅简单地介绍了卢浮宫的历史和主要藏品，还设计了合理的参观路线，参观者依据导览图，可以选择个性化的最佳参观路线，使用起来十分方便。

在今天这个科技日新月异、新思维和新观念层出不穷的时代，人们的生存环境、思维方式乃至生活方式正在以始料不及的速度发生着深刻的变化，只有善于学习、吸收和创新才能发展和进步。从实际出发，在了解观众的基础上，注重人性化设施的增设和陈列展览水平的提升，才能营造出安全、和谐、崭新的参观环境，以适应社会公众的需求和时代的快速发展。在埃及，“博物馆的服务工作应该深入到乡村去”的口号已被广泛采纳，开罗科技博物馆为此组织

① 孙丽：《卢浮宫用艺术教育解决人满之患》，载《中国文化报》，2008-03-23（1）。
② 宋敏：《免费开放给宣教工作带来机遇》，载《中国文物报》，2009-07-31（6）。

了专门的乡村展览，并在举办展览之前，先在乡村里成立科学俱乐部，挑选一到两名能干的青年男女进行专门训练，“以便他们能以博物馆工作人员的名义去进行工作，因为这些人更能用他们的朋友和亲戚所能理解的语言去讲解展览”。今天博物馆应当基于纷繁复杂的社会，对博物馆的未来发展有多方面的思考，并为此采取积极有效的行动。反映主流文化的博物馆必不可少，但是关注社会问题、表达弱势群体呼声的博物馆更体现了现实的需求，博物馆之所以冠之以“博物”，就在于力图使其从多个角度反映社会及其文化的多样性。在墨西哥，国家历史博物馆原本是一座专门陈列贵族生活物品及其爱好的专题博物馆，而目前已经着手以不同的历史观点对其进行改陈，使其能够面对广大民众，同时展现墨西哥的社会、农业、工业和技术等方面的发展情况。

《关于博物馆向公众开放最有效方法的建议》强调，“博物馆应易于进入并应以舒适的措施使之尽可能具有吸引力。在尊重博物馆特性及不妨碍参观藏品的前提下，最好应于博物馆范围内（在庭园、平台、适宜的地下室等）或在其周围附近，为观众提供休息厅、餐馆、咖啡厅及类似设施”。在日本，65 岁以上的老年人口约占总人口的 20%，即已经进入超高龄社会，面对越来越多走进博物馆的老年观众，日本的博物馆为高龄者提供各种各样的特殊服务，例如原本展厅内的文字较小不易阅读，就为高龄者准备大文字的展示说明；原本展厅内光线较暗，就为高龄者适当调整灯光亮度。同时，在博物馆内设立更多的休息场所，添置更多的休息座椅，为高龄者准备专用轮椅、加宽无障碍通道、设置轮椅用的卫生间，为视听障碍者准备更多的声音解说和文字解说，增加盲文触摸式展示说明，再加上多语种的语音导览机、具有亲和力的游客服务中心等，都使人们感受到“以观众为中心”的服务宗旨[①]。2009年清明节的清晨，中国人民抗日战争纪念馆接待管理中心的张玉平主任站在了博物馆的门口。在这个特殊的日子，纪念馆要将1000朵淡雅的菊花分批免费送给观众，供他们寄托对先烈的哀思。家住丰台82岁的张俊堂老人接过鲜花，感动地说：“送人鲜花手留余香，一朵免费的菊花表达了对革命先烈的崇敬，更是温暖了自己，感谢抗战馆想得如此周到。”[②]

英国巴斯古城皇家星月楼

博物馆不仅是历史的积淀，更是现实的呈现，健康的博物馆事业必须具有科学、完善的结构，而不是单一区域、单一领域、单一行业的博物馆文化再现。贫困、疾病等社会问题同样可以成为展示

① 行吉正一：《着眼现代课题的日本博物馆》，崔岩，译，载《沈阳故宫博物院院刊》，2008（6），14页。
② 刘冕：《博物馆“免单”：有多少考验在等待》，载《北京日报》，2009-07-06（30）。

主体。巴西里约热内卢的印第安人博物馆是一座规模虽小，但是颇具特色的博物馆。该博物馆有非常明确的办馆方针，即用印第安人过去制作的和现在正在制作的物品、样品，使人们对印第安人及其所处的社会困境有全方位的了解，并使观众在离开博物馆时下决心为改善这种局面去做力所能及的事。印第安人博物馆的展览告诉观众，印第安人是他们的朋友，应该受到关心和保护，不应该被消灭或受到剥削，他们同其他任何人一样，本身就是值得注意的族群。建立于同一座城市的精神病人博物馆也取得了同样的成功，该馆是一座精神病院的组成部分，20多年来医院一直把鼓励病人绘画和雕刻作为一种治疗方法，并把每一件作品都写上时间和病人的姓名，精心归档保管并陈列展示，展品的选择和布置均有博物馆学专家提供意见，从而使得该馆无论对病人及其家属，还是对附近地区的民众都产生了积极的影响，而其藏品无须任何外援也会不断地稳步增加和更新，院方也在同时把同一个病人在今天所做的作品与其以前的作品进行比较，作为观察病人精神状态变化的依据[①]。

近年来，世界各国在发展建设中特别重视博物馆文化的力量。博物馆具有特殊的功能，具有其他文化设施无法取代的力量，可以起到整合观念、规范行为、激励奋进的作用。2007年3月，欧盟在柏林隆重庆祝象征欧盟诞生的《罗马条约》签署50周年，并发表了《柏林宣言》。柏林的各大博物馆开放，人们纷纷走进博物馆，欣赏来自欧洲各个历史时期的艺术精品。当欧盟已经拥有4.5亿人口，边界自由出入，建成大部分国家使用同一种货币的内部大市场时，欧洲公民们忽然发现，他们的生活水平及所享受的种种社会福利，

① 王运良，赵宗强：《完整型博物馆的回溯与思考》，载《中国文物科学研究》，2009（2）39页。

与他们的父辈相比有所下降，与众多新兴发展中国家蒸蒸日上的态势相比，欧洲的经济停滞不前，失业率居高不下，物价持续上涨。于是，人们认识到，必须利用欧洲的文化潜力，让欧洲的文化成为一体化建设新的推动力，影响欧洲的发展进程。此时，人们不约而同地将目光投向博物馆。欧洲各大博物馆的展览，让人们深刻感受到欧洲的文化精髓。在具有历史意义的博物馆举办各种重大活动，意在表明对欧洲文化和历史的尊重与认同。欧盟50周年庆典中最重要的一场活动——签署《柏林宣言》仪式，在德国历史博物馆举行，表达了对博物馆文化的尊重。“如果把欧盟宪法比作欧洲的‘有形灵魂’，那么，欧洲文化则是欧洲更具深层意义的‘无形灵魂’。”[①]

① 吕鸿：《给欧洲一个“灵魂”》，载《人民日报》，2007-04-29（8）。

博物馆的社会责任与城市文化[①]

（2011 年 2 月 20 日）

今天，人们对博物馆的作用有着新的期待，希望博物馆留给人们的不仅仅是历史的记忆，还有人们对未来的理想。因此，博物馆应当更加自觉地关心城市文化的进步，注重自身业务活动与改善人居环境的内在联系，以推动和促进社会变革和发展为己任。无论将博物馆称为“精神的家园”“文化的绿洲”“知识的殿堂”“城市的客厅”或是“文明的窗口”，都不仅仅是对于博物馆的形象而言，而是对博物馆功能与职能的阐释。

一、博物馆应成为“精神的家园”

如果说，让博物馆成为“精神的家园”，那么，就应该使广大民众在博物馆中不仅能感受到视觉的愉悦和知识的满足，更多的应是精神的归属和心灵的净化。文化是城市的灵魂，更是人们精神世界的写照和依托。“社会、政治和文化思潮的变迁越来越深刻地影响着城市的兴衰，一个精神失落的城市必定是失效的城市，而一个繁荣的城市必定有着积极活跃的民风和秩序。”一个没有文化的城市常常让人质疑它的品位。“贫穷的城市难以和谐，但在一些经济发达国家，也存

① 此文发表于《中原文物》，2011 年第 1 期，91 页，2011 年 2 月 20 日出版。

在严重的因为精神空虚而出现的社会问题。”[1]实践证明，解决上述问题的重要途径，就是给自身传统文化、地域文化以更多的关注，给先进文化、有益文化以更好的环境，给落后文化、腐朽文化以更加有效的抵制。博物馆在这方面具有不可替代的作用，具有不可推卸的责任，也具有不可低估的能力。人类自己创造的博物馆文化，应该成为安抚自己心灵的精神家园。博物馆健康文化的弘扬，必然潜移默化地影响一代又一代的民众。因此，应将博物馆建设成为充满人文关怀与和谐氛围的“精神的家园”，成为城市文化创造的内在动力。

美国著名作家和诗人R. W. 埃默森（R. W. Emerson）指出，城市“是靠记忆而存在的”。城市是人类物质财富的集中地，是人类精神文化的创新地，是人类文化的巨大“容器”。美国学者L. 芒福德（L. Mumford）认为，“城市是一个文化容器之说，鲜明地提示了城市在人类文化进化方面的积极意义”。“那种巨大浩瀚，那种对历史和珍品的保持力，也是大城市的最大价值之一。”[2]今天，博物馆已经成为文化领域发展最快的系统，具有明显的综合效益。同时，作为城市独特的文化设施，博物馆每年接待来自世界各地的参观者数以亿计，对于社会就业和经济发展的贡献不可轻视。因此可以说，博物馆是城市现代化的必要内容，是城市可持续发展的基础环节，也是衡量城市综合竞争力的关键指标。K. 林奇（K. Lvnch）认为，“我们必须选择要保护什么。只要是经得起时间考验的就值得保护”。从现代发展意义上说，城市作为一个巨大的经济、政治、文化和社会的有机综合体，城市的核心资源已经不仅仅是自然资源，也不仅仅是技术和人才，还包括城市的人文环境。在此情况下，城市更需要

---

① 安俊辉：《谈谈人与城市的和谐》，载《光明日报》,2006-06-04（7）。

② 刘易斯·芒福德：《城市发展史——起源、演变和前景》，宋俊岭，倪文彦，译，413页，北京，中国建筑工业出版社，1989。

文化提升。要从时代变革的含义与需求出发，赋予博物馆文化特殊价值与全新意义，从更高的视界和更宽的层面上来认识博物馆文化对于城市文化建设与发展的重要性。

美国世贸大厦遗址

自 20 世纪 80 年代起，我国不少城市开始陷入建设国际化大都市的亢奋之中，以“改善生活条件”“美化城市景观”为由大兴土木，许多城市建起由大片绿地、大型喷泉和雕塑构成的城市广场和气势恢宏的政府办公楼，一些地市级城市也纷纷建起华丽的歌剧院。在这些奢华夸张的城市形象建设的过程中，城市的文化环境也随之出现了显著的变化，在许多豪华项目“打造”之前，生活在原地的民众被迁出，他们中的绝大部分人搬进远离城市中心的安置小区。越来越多的城市改造计划不仅挑战着原住居民的生存权利，更破坏着城市中本应多样的生活形态与文化生态。这种千篇一律的"国际化大都市"建设显然不符合城市文化发展的正常形态，它一方面毁灭着城市原有的传统和个性，另一方面也创造不出新的城市特色和风貌。而问题在于，恰恰是那些原住居民的存在，才使小区生活充满活力。保护城市的文化遗产，就是保护城市的历史，保护城市的精神传承，保护城市文化生命的完整性。一座城市的繁荣与发展，从本质上说，取决于城市的人文态度。一座城市如果仅仅局限于地域的扩张，局限于地标的升高，所获得的只能是外在的有形的变化，唯有注重无形的内在内容，以文化观念指导城市建设，才能不断实现文化创造，城市的繁荣与发展才有可能性和持续性。

联合国2010年3月25日发布的一份报告称，中国的城市化进程极为迅速，目前全球超过50万人口的城市中，有1/4在中国。联合国经济与社会事务部当天在纽约总部发布了《世界城市化展望2009年修正版》。报告指出，中国正经历着城市化的重要转型。1980年，中国只有51个城市人口超过50万，自20世纪90年代起，中国超过50万人口的城市数量显著增加。从1980年到2010年的30年间，共有185个中国城市跨过50万人口的门槛。报告预测，到2025年，中国又将有107个城市加入这一行列。中国的城市化水平从1980年的19%跃升至2010年的47%，预计至2025年将达到59%[①]。就城市化的概念来看，人口学家注重的是人口的流动过程，地理学家注重的是空间的扩散过程，社会学家注重的是生活方式的转变过程，而在文化遗产保护领域，人们感受到的是城乡大规模建设对文化遗产的冲击和影响。H. 列斐伏尔（H.Lefebvre）在《空

① 白洁，王湘江：《中国是全球城市化速度最快的国家》，载《中国文化报》，2010-03-28（1）。

间的生产》中认为，这种城市空间及土地的经济利益最大化与城市生活空间环境价值人性化之间的矛盾，本质是“剥削空间中抹去利润的资本要求与消费空间中维持生存的人群需求之间的对峙”[①]。在城市化加速进程中，人们需要的是精神坐标，而不仅仅是地理坐标，需要的是人性化的文化城市，而不仅仅是城市化的功能城市。

30 年来，我国的市场经济体制已经基本确立，GDP 以年均 9.8% 的速度高速增长。上海作为我国最具活力、最国际化的城市，人口数量已达到 1900 万，跻身全球大都市之列，超过 750 家外国跨国公司在这里设立办事处，200 多米高的摩天大楼已经多达 30 余座。如今漫步上海街头，仿佛置身于曼哈顿闹市。但是，上海仍在探索未来应该走向何处。财富源源不断地流入，城市建设永不停歇，声名远播全球，由此激发了城市的自豪和自信。但是，与此同时很多市民感觉自己的城市正在遭受某种身份危机，这一感觉与日俱增，很大程度上与如何保存过去的文化记忆有关，在追逐发展速度的过程中，城市正在逐渐失去与众不同的特质。居住在上海的作家及顾问 P. 佛伦奇（P. French）说：“问题是，过去 18 个月以来，我们失去的老宅子可能比过去几十年失去的还要多。这是最让我难过的。”实际上，需要保护的不仅仅是那些有形的历史建筑，还包括生活习俗和文化传统[②]。城市中的文化遗产是城市生命力生生不息的体现，也是演绎人类生活内涵的重要载体。生活在大都市中，人们感受着更多的城市气息，每一分每一秒无不被城市化的进程所包围。从城市发展的视角来看，准确把握城市发展的社会动态，选择切实可行的城市发展模式，制定有效的城市文化策略，对城市的可持续发展具有重要作用。

---

① 王玥：《上海的精神坐标》，载《解放日报》，2010-06-15（5）。

② 奥斯汀·拉姆齐：《上海重返“世界之巅”》，载《环球时报》，2010-04-26（6）。

可喜的是，上海世界博览会的主题是“城市，让生活更美好”。通过世界博览会的窗口对文化遗产与城市生活进行一次深入思考，无疑有助于守护人们精神的家园，提升城市的生活质量。“城市，让生活更美好”，既是世界领域的普适性定义，又符合我国城市的理想诉求。人类的天赋在于，永远乐于创造更为宜居的城市生活形态。而快乐与幸福是人类永恒的追求。在这个追求下，上海世界博览会既彰显科技与教育、园林与建筑的魅力，又呈现诗歌与绘画、舞蹈与音乐的魅力，还诞生了足以令人陶醉和难忘的文明成果，孕育出城市中新的文化遗产。人类花费足够长的时间来建造各具特色的城市，这个过程既是生活，也是历史；既有愉悦，也有痛苦；既伴随创造，也伴随毁灭。多少个世纪以来，城市的发展给人类的生活带来了美好、舒适与财富，但是与此同时，城市的膨胀又给人类带来了污染、堵塞与喧嚣。城市已经完全改变了人类的生活格局。“城市，让生活更美好”这一命题，“就是想纠正非理性举动给城市带来的诸如生态灾难以及物欲横流等弊病。让每一位城市的居民，坐在自己家中，就能畅快地呼吸到辽阔无边的草原上甜丝丝的空气；让书香挤走铜臭，在城市的林荫道上，每一位陌生人，脸上都挂着真挚的微笑”[①]。

一座现代化城市的特色，除了要有时代气息外，还要有深厚的文化底蕴。作为城市文化的重要内容，博物馆见证并凝聚了城市发展的历程，在城市记忆的保持、特色形象的展示、乡土情结的维系、文化身份的认同、生态环境的建设、和谐社区的构成等多方面具有综合的价值。将存有城市珍贵记忆、留下城市发展足迹的文化遗产融入今天的城市生活，使城市更具特色、更有内涵、更加美好，既是对城市

① 熊召政：《城市是我们的历史》，载《人民日报》，2010-06-02（24）。

民众的尊重，也是当代人不可推卸的文化责任。“现在，许多城市为了提高城市品位，让城市更加宜居，越来越重视生态建设。湖泊水网、亲水走廊、创意雕塑、大型广场、江滩夜景等遍地开花。然而，在建设的过程中，一些地方‘为建而建’，造成了自然景观不‘自然’，对市民缺乏亲近感、亲和力，不仅审美效果大打折扣，也背离了城市建设的初衷。”[①] 城市文脉是指一座城市的文化及文化传统，与城市功能是否延续密切相关。如果城市的文化传统得不到传承，将难以形成城市文脉。只有城市形成了自己的文脉并将其延续，城市的功能才能得到充分的发挥。城市文脉不仅是文化设施、文化遗址、文化景观的积累，更是一代代城市民众文化和智慧的结晶。因此，保护城市文脉，就是保持城市记忆，保护人们的生活智慧和发展经验。

波兰奥斯威辛集中营

① 晓牧：《城市景观应贴近人的生活》，载《光明日报》，2008-04-10（4）。

文化城市应具有博大的文化情怀。历史文化、地域文化和现代文化的兼容并蓄、合理扬弃是城市文化发展的必然趋势。许江先生认为:“文化历来是一个健全社会的文明的思想和精神核心，是平衡社会和谐发展的重要因素。它代表着社会良知，对可能出现的异化现象，担当着守望的责任。”[①] 博物馆事业发展应着眼于满足城市民众日益增长的精神文化需求，提高城市民众的思想道德素质和科学文化素质。在挖掘城市文化特色时，不但要研究城市外貌、建筑特征以及文化遗产等能给人们直观感受的文化，更重要的是研究蕴含于市民集体性格之中的城市精神。D. 格鲁考克 (D. Grewcock) 指出:“城市规划与博物馆在很多方面都是相互重叠的领域。城市规划的某个转型时期，以及这些变化的一些轨迹，都会是博物馆未来发展的有趣借鉴。鉴于城市规划的方方面面都在从它传统的学科界限发展开来，加入了更多的文化因素，这就使得城市博物馆有可能与城市规划产生更有创造性、更加正式的联系。”[②] 城市的发展过程充满着和谐与不和谐的因素。促进民众与城市的和谐，就要通过城市内部人们的各类活动与各类资源、环境的有机统一，努力实现城市的规划、建设、管理与城市性质、城市规模、城市布局、城市功能相协调，进而实现城市经济、政治、文化、社会的全面、协调和可持续发展。

今天，我们生活在深受博物馆影响的世界，博物馆在现代社会中的作用是其他设施所无法取代的。作为城市历史的记录者和展现者，同时也是城市文化重要承载者的博物馆，绝不仅仅为今天的城

① 许江:《中国当代视觉文化的境遇与责任》，载《光明日报》，2007-02-01（10，11）。

② 邓肯·格鲁考克:《城市博物馆和城市未来: 城市规划的新思路与城市博物馆的机遇》，载《国际博物馆》，2006（2），32 页。

市记录过去，也为未来的城市留存今天，并展示历史与现实间的关系，展望未来的发展方向。博物馆的这一特性决定了它必然是城市文化的积极参与者和推动者。2009年10月22日，首座以商帮命名的博物馆——宁波帮博物馆的大门隆重开启，向世人述说宁波城市的百年故事。宁波帮是至今还活跃在海内外的少数几个商帮之一，百余年来，超越时空、传承文明、繁衍发展、经久不衰，从无数商帮中脱颖而出并后来居上。这个以血缘姻亲和地缘乡谊为纽带联结而成的商帮群体，广泛分布于64个国家和地区，活跃在全球经济发展舞台。宁波帮是现代商业文化的宝贵财富，研究宁波帮不仅可以凸显和培育当前城市文化的特色，还有助于加强与海外宁波帮的交流和商贸发展。正如宁波同乡会理事长毛葆庆先生所说："宁波帮博物馆就是我们在故乡的家，我们不仅要全力支持，还会经常回来看看。"宁波帮博物馆的建成不仅向全世界的宁波同乡展示出可以守望的心灵家园，更是使海外游子的心灵有了可以停靠的港湾。宁波帮博物馆以润物细无声的方式为宁波民众与广大侨胞、海内外人士搭建了团结友谊的平台。

一个城市现代化的标志不是高档汽车呈现的豪华，不是灯红酒绿下的喧嚣，而是文化氛围和文化气息。世界上一些著名城市如北京、巴黎、伦敦、柏林、圣彼得堡等，都拥有鲜明的文化氛围和强势的文化气息，无处不体现出博大精深的城市文明，这些文化智慧的成果给当地民众和来宾以人性的温暖。一个缺少文化氛围和文化气息的城市不可能成为真正的现代化城市。人们强调博物馆是城市"精神的家园"，不只是说博物馆建筑的优美和环境的温馨，而是说把博物馆当作展示城市文明的窗口。春节是中华民族最重要的传统节日。2010年春节期间，北京市组织推出"博物馆里过大年"活动，

宁波鄞州博物馆开馆庆典

汇集了北京地区 50 余座博物馆的百余项丰富多彩、形式多样的系列活动，突出春节民俗特色，突出传统文化特点，突出观众参与，为北京市民提供了一种既传统又有新意的过年方式。在克罗地亚，每年 1 月 30 日是市民们期盼的“博物馆之夜”。当天晚上，克罗地亚所有城市的博物馆都免费开放，很多博物馆特地安排了富有特色的临时展览和文化活动。政府要求所有经过博物馆的公交线路都将营业时间延长到凌晨两点，而且都是免费乘车，由于参观博物馆的观众大多是青年学生，往往没有自己的私家车，所以政府的这一举措大大方便了人们走进博物馆[①]。

二、博物馆应成为“文化的绿洲”

如果说，让博物馆成为“文化的绿洲”，那么，就应该使广大

① 赵嘉政：《克罗地亚的“博物馆之夜”》，载《光明日报》，2010-02-06（5）。

民众在博物馆中尽情分享文化资源、感受文化氛围。在现代城市建设、发展过程中，博物馆兼具展示传统文化内涵和引领未来城市文化的双重属性，随着现代城市文化的发展，博物馆成为城市公共设施的重要组成部分。今天，许多城市围绕博物馆形成了一个或者多个文化中心，在高楼林立的现代化都市中，形成一片片“文化的绿洲”。每个城市的传统文化能保留到今天，都经历了历史的风雨和时间的洗礼，沉淀为一座城市的灵魂。文化认同是指广大民众接受城市文化理念而产生的归属感。如同生物多样性维持着生物平衡和生命延续，文化多样性则维系着人类的文明赓续绵延。文化全球化不等于文化一元化，经济的发达不意味着文化上的霸权，因此，要像保护生物多样性一样尊重文化多样性。通过对一座城市文化遗产的收集、整理和研究，博物馆将城市文化的精华展示出来，并呈现出文化发展的历史脉络，那些看似遥远的历史，其实是今天城市文化发展的根基。随着博物馆全面免费开放和被纳入国民教育体系，博物馆开始走进百姓的日常生活，成为提高民众个体文化修养和整体文化素质的积极力量。博物馆将通过文化的传承、培育、积淀和创新，实现对城市文化的塑造。

单一的经济增长目标对社会关系和自然生态的损害，已引起社会各界的广泛关注。“全球金融危机和环境恶化更昭示我们，反思和矫正现代文明已刻不容缓。这是300年以来文明观的重大调整。”“一方面快速发展，另一方面问题丛生，正是在这样的时代背景下，我国酝酿并尝试着发展模式和文明方向的重大调整。其实质是矫正短视的发展主义，以人为本，构建‘自然—人—社会’相互协调的新的文明共同体。”[①] 中国科学院公布的《2010中国新型城市

① 祝东力：《文明的反思和观照》，载《人民日报》，2010-06-11（19）。

化报告》，公布了内地50座城市的上班花费时间，在被调查的13个国家和地区中，我国内地此项指标排名第一。上下班路上耗时过长，已经成为大城市的普遍问题。拥堵的路况、拥挤的车厢、频繁的换乘，无一不令人心烦意乱。日复一日地疲于奔命。不少人的生活状态，由此成为"如果不在家里，就是在单位；或者在两者之间的路上"。资源在来来往往中消耗，效率在熙熙攘攘中降低，人们的幸福感也在奔波劳碌中一点一滴地消磨。缩短上班耗时，已经成为很多城市亟待解决的社会难题。这一难题的解决方案，多数聚焦于调整城市规划、加快城市道路建设、以及提高交通管理水平。其实除了这些"全球通用"的解决方案之外，关键是更多地了解和分析民众的生活需求，以提高民众幸福度为核心，制定"以人为本"，而不是"以车为本"的解决方案[①]。

"当前，我们正处在一个思想大活跃、观念大碰撞、文化大交融的时代，先进文化、有益文化和落后文化、腐朽文化同时并存，正确思想和错误思想、主流意识形态和非主流意识形态相互交织，各种思想文化有吸纳有排斥，有融合有斗争，有渗透有抵御，这种交流、交融、交锋不仅发生在国际而且发生在国内。对不同文化的冲突、碰撞、摩擦，如果不注意协调、妥善解决，就会引起思想混乱，甚至导致社会危机。"[②]同时，"都市生活带来的快节奏、紧张感及市场经济中过度发展的交换理性、分工理性、工具理性，消解了传统人类小区的关系纽带和情感生活，加剧了人与人之间的疏离感、冷漠感，由此引发各种心理疾病、犯罪、社会问题"[③]。博物馆

① 封寿炎：《如何降低大城市的上班耗时》，见《解放日报》，2010-06-12（5）。
② 刘云山：《建设和谐文化 巩固社会和谐的思想道德基础》，载《人民日报》，2006-10-24（2）。
③ 白藜播：《省级博物馆的社会价值、责任及发展方略》，见《携手2010：宁波国际博物馆高峰论坛论文选辑》，24页，非正式出版物。

作为城市“文化的绿洲”，通过对城市民众生活的持续影响，树立起城市特有的文化形象。博物馆给予公众的不仅是精神上的愉悦和满足，更多的是心灵上的归属感。博物馆可以为参观者提供一个娱乐的氛围和轻松的空间，在这里人们可以充分享受自己的时光，而且经常与家人或朋友来共同分享。一个城市的文化渊源、文化传统和文化积累，通过博物馆得到展示的同时，在博物馆的文化塑造功能之下得到传承、发展和进化。博物馆不仅培育了城市文化，更促进了城市的软实力建设，随着城市软实力在经济社会的方方面面产生带动和辐射效应，博物馆在现代城市中的不可替代价值将真正得到体现①。

美国华盛顿国家建筑博物馆

目前，文化、城市与博物馆的关系正在变得紧密，三者之间的

① 武斌：《论博物馆的社会责任》，载《沈阳故宫博物院院刊》，2008（6），6辑，1页。

关系也得到了各级政府的关注。随着时代的发展，人们的文化素质、文明程度愈来愈成为城市发展的一个关键因素，市民是城市的主体，是城市文明的创造者和体现者，也是城市文明的载体，城市市民的素质如何，直接决定着一个城市的形象，同时也关系着一个城市的可持续发展。博物馆博大精深的民族文化再现了本地的历史沿革和经济、政治、文化、社会发展的脉络，把最辉煌、最闪亮的史实呈现在观众面前，让人们了解更多的历史知识、人文精神和民俗风情，使人们或感怀于先民顽强不屈、艰苦卓绝的创业历程，或赞叹于古代工程的巧夺天工。博物馆根据独特的性质、任务，利用直观、形象、感染力强等特点，向市民传播自然、历史、考古、艺术、科学和综合人文信息，是人们获取科学知识、提高文化修养的重要场所，在丰富市民文化生活的同时，发挥着教育、激励、凝聚、娱乐、审美等多种作用，在潜移默化中陶冶市民的情操，并为市民进行科学研究和艺术创作提供丰富的数据及珍贵的资料。由此，博物馆成为培养社会道德最理想的人文环境，对于增强人们对自己家乡、祖国的认知和热爱、眷念之情，激发观众更多的社会责任感和使命感等具有重要作用。

文化城市不是单纯的城市文化的建设，而是经济、政治、科技、教育等方面的协调发展，是一个多层次、多结构、多要素、多目标的系统整体。南通，与一些历史性城市相比，历史不悠久、特色不明显、资源不突出。2002 年，吴良镛教授在南通考察时指出，南通是近代史上中国人最早自主建设和全面经营的城市典范，其起始之早、功能之全、理念之新、实践意义之强，堪称“中国近代第一城”。“中国近代第一城”命题的提出，为南通在历史与现实的对接中继往开来、再创辉煌找到了重要的动力。近年来，作为我国博物馆事业的发祥地，南通动员社会各方面力量，特别是鼓励企业、民间投资兴办博物馆，建成了以南通博物苑为龙头的环濠河博物馆群。目前，南通全市共有女工传习所、纺织博物馆、给水博物馆、蓝印花布艺术馆、建筑博物馆、珠算博物馆、风筝博物馆、民间艺术馆、长寿博物馆等各类博物馆 23 座，其中市区内有 17 座，即平均不到 5 万人就拥有 1 座博物馆，这一指标达到了发达国家水平，南通因此被誉为“博物馆城”。在博物馆建设的良好氛围下，南通中国眼科学博物馆、南通中国环境博物馆、南通中国技工教育博物馆、南通气象博物馆等一批高水平的专业博物馆也纷纷选择在南通筹建，不但博物馆的规模在不断扩大，而且质量也在不断提高。

现代社会的城市文明程度不是以这个城市有多少商店、多少宾馆、多少高楼大厦来衡量的，而是以这个城市拥有的博物馆、图书馆、美术馆的规模和数量来衡量的。目前世界一些国际大都市，往往拥有 200 多个博物馆。一座城市的博物馆群是城市文明的载体，反映出城市文化发展的整体水平，是城市文化竞争力的重要体现。“没有人在真空中出生，我们所有人都是漫长生物演化和文化发展历史的产物和接受者。这个历史与我们今天所处的环境一起影响着我们的思想、行为。关于我国过去的知识就正如关于我们环境的知识一样，对我们人类的生存至关重要，而了解我们自身过去的历史则是我们每个人与生俱来的权利。”[①] 今天，当人们来到杭州西子湖畔，在湖光山色间徜徉的时候，一定会被一座座各具特色的博物馆所吸引。在西湖东北侧不远处，有浙江省博物馆武林分馆、浙江科技博物馆、浙江自然博物馆和浙江革命历史博物馆，数座博物馆总面积共达 7 万多平方米，连同原有的浙江博物馆、中国茶叶博物馆、中

① 李琴，陈淳：《公众考古学初探》，载《江汉考古》，2010（1），38 页。

国丝绸博物馆、杭州历史博物馆、杭州名人纪念馆、中国印学博物馆及其他一系列专题博物馆和名人故居等，形成了一个环绕西湖的博物馆群落，而西湖也因为这些博物馆的存在而呈现出更具人文色彩和文化底蕴的非凡景象[①]。

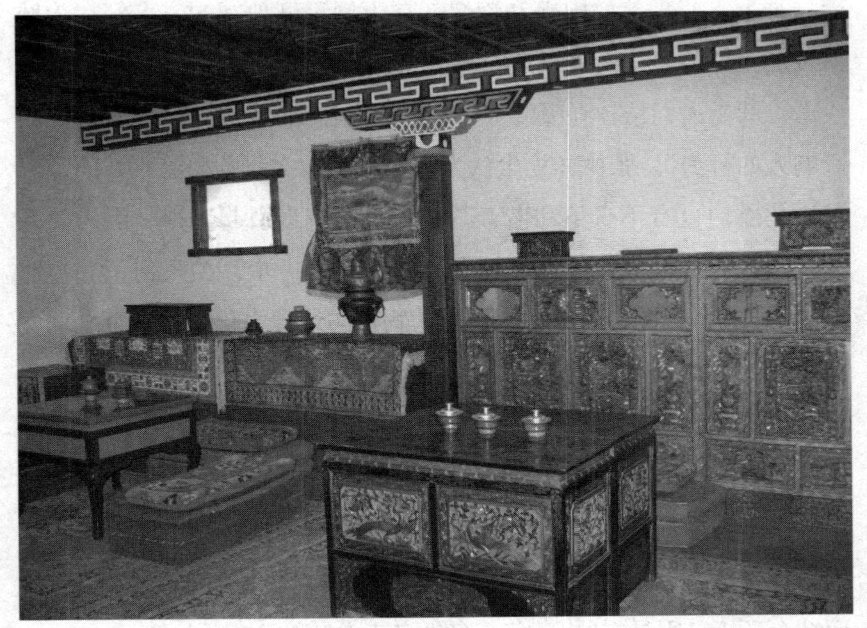

浙江杭州中国茶叶博物馆

人们生活在两种生态环境中，一种是自然生态环境，另一种是文化生态环境。自然生态环境的恶化状况日益严重，人们已经尝到环境污染和生态破坏带来的苦果。同时，人们对于文化环境越来越多地给予关注。以 J. 斯图尔德（J. Steward）为首的美国文化生态学派认为文化生态指人类文化和行为与其所处的自然生态环境之间相互作用的关系。城市文明的发展是历史的进步，它广泛而深刻地影

① 杨建新：《博物馆：浙江公共文化服务体系的重要环节》，载《国际博物馆》，2006（2），112 页。

响着人们的生活方式和社会心理。城市的发展为人们带来了更多的舒适、便利和机会，也带来一些新的困扰和问题。人们赖以生存的城市家园不同程度地面临着记忆消失、面貌趋同、交通拥挤、环境恶化等诸多问题。城市的发展不断地满足并刺激人们的物质需求，而精神上、心理上的慰藉和憧憬却在不同程度地减少。人们在为城市日新月异的变化而兴奋的同时，困扰和疑虑也在悄然滋生。“文化生态，就是人们精神呼吸的空气，通过耳濡目染影响人的精神世界，影响人的行为”。张德祥先生认为，尽管当前文化的主流是好的，但是文化圈内也有不少不和谐音。文化生态应当引起重视，因为关系到世道人心的健康，关系到社会和谐与文明进步，关系到正气与邪风的消长[①]。在此背景下，人们对博物馆与地域文化生态甚至全球文化生态的关系日益重视。

“我们究竟需要一个什么样的生存空间？我们究竟在追求怎样的生活？当人们试图以全新的、理性的眼光审视扑朔迷离的城市形态时，不约而同地选择了文化的视角。”[②]有人把博物馆形象地比喻为一棵大树，“那么，体制是干，管理是枝，业务是叶，文化是根，而社会环境，则是它的土壤”。多伦多诗人 P. G. 迪奇科（P. G. Cicco）主张“城市必须爱上它自己”。多伦多作家 R. 富尔福德（R. Fulford）曾说过：“我们用两种方式来构建城市：一种是用水泥，另一种是用想象。”“为了构建和维持适于生存的、有趣的城市，为了计划未来，我们必须让所有的公民一起来展现过去和现在，让他们感觉到，他们自己、他们的祖先和孩子在这一被称为历史的、复杂而进化的故事中都能成为合法而光荣的角色。”多伦多以“我们的‘人文节’”

① 张德祥：《改良我们的文化生态》，载《人民日报》，2010-06-29（24）。
② 孙家正：《建设形神兼备的城市家园》，在城市文化国际研讨会上的发言，2007 年 6 月 9 日。

来实现这一目标。“人文节”是多伦多湖滨区一种新的、创新性的城市博物馆，它把多伦多的故事告诉市民和所有来访者[①]。“保护城市的文化遗产，并非是一种被动地对抗岁月的磨蚀，其中也包含着对城市人文生命的挖掘与创新。”[②]文化不仅是经济、社会等的驱动力，而且还是整个社会生活和社会系统的大脑、血脉与灵魂。基于这个原因，世界上凡是充满活力和魅力、具有锐气与朝气的宜居城市，都无一例外地有着良好的人文环境和深厚的文化底蕴。

毕尔巴鄂古根海姆博物馆，作为由博物馆文化的力量推动城市转型的著名案例，证明博物馆有能力在工业时代的废墟上，在一片萧条中重建一座面向未来的文化城市。毕尔巴鄂是一座有着700年历史的古城，一座在西班牙称雄海上时代的重要海港城市。19世纪毕尔巴鄂由于出产铁矿而重新振兴，但是20世纪中叶以后由于传统工业的颓败，成为一座污水横流、废气弥漫的“灰色”工业城市。1991年，毕尔巴鄂市政府与古根海姆基金会共同做出极为深远的决定，邀请美国建筑大师F. O. 盖里(F. O. Gehry)为毕尔巴鄂设计古根海姆博物馆。“提出建设博物馆来振兴城市时，确实遇到许多挑战，毕竟当时依然面对危机，这是用公共基金来投入的。然而六年后的事实证明，通过文化振兴来实现城市发展，其带来的效果远远超出当初的预料。”1997年，毕尔巴鄂古根海姆博物馆正式落成启用，它以奇美的造型、特异的结构和崭新的材料令全世界瞩目。几年后，世界建筑艺术界评价毕尔巴鄂古根海姆博物馆“属于最伟大之列，与悉尼歌剧院一样，它们都属于未来的建筑提前降临人世，属于不

① 丽塔·戴维斯：《多伦多的人文节：一个项目的故事》，载《国际博物馆》，2006（2），60页。
② 黄晴：《城市，一个文化的生命体》，载《人民日报》，2010-06-11（23）。

是用凡间语言写就的城市诗篇”。博物馆文化的力量使毕尔巴鄂脱胎换骨，变成一座充满魅力的文化城市。如今，毕尔巴鄂不再是一个灰暗的充满工业危机的城市，它已经成为欧洲经济发展、旅游休闲、投资环境最好的城市之一[①]。

三、博物馆应成为“知识的殿堂”

如果说，让博物馆成为“知识的殿堂”，那么，就应该使广大民众能够经常走进“知识的殿堂”，享受应该获得的文化权益，接受文明的熏陶。“博物馆是高雅的文化殿堂，此话不错。想当年，法国的卢浮宫，中国的故宫，收藏了许多宝物，只供皇室和达官贵人欣赏把玩。这‘高雅的殿堂’便成了贵族的专利，百姓不得问津。法国大革命后，中国辛亥革命后，这两座宫殿作为博物馆向社会开放了，打破了贵族的垄断，是一大进步！虽然这种开放是不彻底的，还有很多的限制，但毕竟是朝着正确的平民化方向前进。”[②]作为收藏人类文化的殿堂，博物馆在社会发展的进程中，从某种意义上说，具有文化坐标的性质。博物馆以其深厚的人文积淀，以其无可比拟的文化象征优势，赋予城市精神的灵性和文化的气韵，潜移默化地培育着城市的形象。决定城市形象、城市地位以及城市生活质量的因素并不是由所谓的“标志性工程”“政绩工程”来展现，而是对地方文化的认同感与回归感，是广大民众的精神状态、文化信仰和生活信念。当代博物馆的建设不仅仅是一个建筑过程，也是一个文化过程，一个社会过程，对于经济、政治、文化和社会进步具有巨大的推动作用，博物馆早已超越了其传统意义，它们应该成为城市复

① 周龙，李慧：《文化唤醒了城市》，载《光明日报》，2010-05-14（4）。
② 自庶：《让更多观众走进博物馆》，载《人民日报（海外版）》，2009-01-16（15）。

兴的高地。

台湾台中自然科学博物馆

世界范围内的现代化发展和全球化趋势，一方面，使各民族之间的文化交流、碰撞和融合更为剧烈，另一方面，也使人们更加关注自己民族的文化传统，关注自己的文化之根。关注传统、了解和认识传统，是现代化浪潮冲击下，人们强烈的精神需求。人们当前生活在信息化、网络化的“地球村”中，文化的同质化日益大于文化的异质化，使许多人忘记了血缘、亲缘与地缘的原有脉络，产生了“我是谁，我从哪里来”的困惑，博物馆的展示、教育对此都应该给予震撼心灵的回答。当人们知道了自己的血缘、亲缘与地缘，得到文化认同，才会产生归属感，有助于社会的和谐。今天，博物馆在人们的日常生活中，扮演着越来越重要的角色，并且与整个城市存在同生共荣的关系。凡是历史上的文化元素，博物馆都必须审慎地加以辨别，在诠释中展现其人文精神和社会价值。这样，传统文化才能与时代精神融为一体。在博物馆中，文物藏品既是古老的、饱经沧桑的，又是年轻的、充满活力的。博物馆以其独有的文化资源和文化方式为社会及其发展服务，以其独立的文化形态和文化价值深植于现代社会之中。博物馆文化的每一个新创意和新举措，都将丰富和提升城市生活的文化含量。俄罗斯普京总统在参观北京故宫时留言："一个伟大的民族植根于历史。对此重要的历史文物，如此地珍爱和保护，值得尊敬。这样的民族必将有伟大的未来。"①

在城市化进程加快的今天，城市文化早已成为重要的社会资本，支撑和决定着城市的发展进程。城市文化的发展水平往往代表着一座城市的文明程度所能达到的最高水平，城市文化的提升是城市发展的重要任务。通过参观博物馆，了解城市文化，可以提高市民对所在城市的认同感、满意度，进而产生自豪感、优越感，逐渐转化为城市的凝聚力，产生更大的感召力，最终形成人们热爱城市、建设城市的热情，使城市居民积极参与城市发展的进程，这些是城市文化发展的根本动力，也是城市文化发展的根本价值。因此，博物馆必须承载历史，反映城市的历史发展过程及其特有的文化积淀；博物馆要展现现实，多层次、多侧面、多角度地反映现实的文化内涵；博物馆要昭示未来，传承、创造属于城市独特的新文化。过去，一些博物馆展览没有很好地考虑公众的心理和审美诉求，如今，公众的参与和对展览质量的监督促使博物馆认真、全面地考虑观众在审美、知识、历史、文化方面的诉求，否则将承受公众和新闻媒体的舆论压力。过去，博物馆把观众当作知识教育的对象，没有作为

① 郭黛姮：《伟大创造时代的宋代建筑》，载《中国营造学研究》，2005（1），20页。

平等的主体进行交流。如今，一些博物馆经常举办一些专题性的文化论坛和讲座，旨在提高公众解读博物馆藏品资源的能力以及交流对话的能力。

真正的文化城市应该是具有良好的文化与自然生态的城市；是兼顾物质文化与精神文化发展的城市，是人与自然和谐相处的城市；是大多数公民的道德和文化素质较高的城市；是人们能够处处感受到文化氛围的城市；是城市小区文化发达的城市；是具有鲜明特色和个性的城市。文化城市应具有高雅的文化气质。文化城市要成为高尚文化的沃土，城市的主流文化要贴近生活、紧扣时代脉搏，要将每一个城市单元都融入主流城市文化之中。博物馆作为社会瞩目的公共文化机构，以其独有的文化资源和文化方式为社会和社会发展服务，构成了独特的博物馆文化。早在1880年，在普及文化、开启民智的目标下，布宜诺斯艾利斯省政府决定，在首都一个空旷的平原上建设一座新城，并在新城中同时建设一座“有重要影响力的博物馆”。于是，一座长135米、宽70米、高4层的拉普拉塔博物馆就与新城同时诞生。建成之时，这座博物馆的高度、体积、投资都超过了包括市政府大楼在内的其他任何建筑，使城市保持着一种独特的文化气质[①]。今天，“博物馆文化的共享与弘扬”已成为全球博物馆界的一个共同话题。作为博物馆工作的核心内容，博物馆应既形象鲜明又深入浅出地揭示城市文化主题，展示一座城市或一个地区的文化风貌。只有紧紧围绕这一核心内容，并从博物馆的自身资源中加以挖掘，才能突显出博物馆给城市未来带来的积极意义。

作为城市历史的记录者和展现者，同时也是城市文化重要承载者的博物馆，其核心使命绝不仅仅是为今天的城市发展而记录过去，

① 范剑青：《博物馆与城市一起诞生》，载《人民日报》，2008-10-28（8）。

也为未来的城市发展而留存今天，既要联结和展示历史与现实之间的关系，又要展望未来的发展方向。正因为博物馆作为社会瞩目的公共文化机构，以其独有的文化资源和文化方式为社会和社会发展服务，才构成独特的博物馆文化。在上海，1996 年上海博物馆新馆落成，成为展示上海城市文明的重要窗口。在新馆建成的 15 年中，上海博物馆成功举办了数十个成系列的大型展览，产生了较大的社会影响，对弘扬上海城市文化精神发挥了积极作用。上海博物馆关于大型展览的定位与功能、大型展览的模式及可持续发展、大型展览的社会互动与城市文化精神的激励等新的课题和新的观念在实践中不断被提出，这些理论思考和创新概念又不断指导新的实践。在北京，博物馆的发展体现出城市综合实力不断增长的过程。1949 年，北京地区仅有博物馆 2 座；1965 年，北京地区的博物馆增加到 15 座；近 30 年来，北京地区的博物馆实现较快发展，80 年代初达到 38 座；90 年代初达到 90 座；世纪之交，北京地区的博物馆数量突破了 100 座；如今，北京地区的博物馆数量接近 150 座。这一发展变化是我国博物馆整体发展状况的缩影。

博物馆被誉为“一本打开了的关于人的本质力量的书”。文化是指人类精神生产的能力和产品，具有认知、教化、审美、娱乐、交流、传承、塑造等功能，对于陶冶人的情操、提高人的素质、实现人的全面发展，具有不可替代的重要作用。当今时代，城市竞争不仅体现在物质财富的生产，更深层的是在精神层面的竞争。文化是区域竞争力的核心内容，影响并决定着区域发展的前景和方向。文化作为现代城市的灵魂，已经成为城市生活中举足轻重的关键元素。从“功能城市”走向“文化城市”成为越来越多城市的发展理念。在城市现代化进程中，如何使城市经济发展富有文化内涵，城市规划建设突出文化特色，城市社会环境注重文化生态，城市社会生活体现文化素质，城市民众发展追求文化品位，这些都是需要认真思考的问题。目前，我国广大民众的文化需求呈现出五个明显的变化，“一是文化需求总量呈现较大幅度增长，二是社会对文化产品和文化服务质量提出了更高的要求，三是文化消费更加多样化和市场化，四是文化产品的制作、传播、消费手段和方式更加科技化和现代化，五是不同文化相互交往的要求和程度日益加深”[①]。当经济社会发展到一定阶段，物质财富的积累和社会收入水平达到一定程度，人们便越来越关心如何生活得更好，这和生活不仅包括物质生活，更包括精神文化生活。

精心呵护文化遗产，维系历史文脉，留住城市记忆，是人们生存发展的心理需求，也是当代人对祖先和子孙后代的责任。对此，博物馆应对文化遗产保护和城市文化发展做出更大贡献。现代意义的博物馆伴随着人类理性的觉醒而发展。博物馆从来就和城市的发展和文明的进步息息相关。博物馆作为人类理性觉醒的产物，得益于工业革命和社会发展的推动力，已经成为一种独有的文化标志。参观博物馆，实际上就是在阅读一座城市的历史，了解过去，展望未来。博物馆通过积极参加国家性、地域性的文化活动或文化节日，树立自身公益性的社会形象，这是博物馆主动融入社会的具体表现。每个城市都有表现自己地域特征的文化活动或文化节日，有的是与民俗或某种纪念活动有关的传统文化活动或文化节日，体现了浓郁的地域特色和民族特色，例如端午节、龙舟节、风筝节、泼水节等；有的是代表现代城市经济文化发展特征的文化活动或文化节日，例如服装节、音乐节、电影节、艺术节等。这些定期举办的文化活动

① 孙家正：《追求与梦想》，6页，北京，文化艺术出版社，2007。

或文化节日无论是传统的，还是现代的，都体现了城市发展的文化风貌，成为当代以文化力量推动城市经济社会发展的有效手段。博物馆主动参与其中，使博物馆成为城市文化的有机组成部分而发挥独特的作用[①]。

俄罗斯二战胜利纪念馆

中华文明是世界古老文明之一，在人类文明史上占有重要地位。“中华文明具有原生性、可信性、整体性、连续性、先进性和包容性特点”[②]，傲立东方，著称于世，为当代、更为后代留下了蔚为壮观的文化遗产。这些文化遗产是民族的“根”，是国家的“魂”，是穿越时空、走向未来的精神纽带。而保护这些“根”之所系、

① 郝黎：《从若干博物馆实践看博物馆教育》，见《携手2010：宁波国际博物馆高峰论坛论文选辑》，1页，非正式出版物。

② 单霁翔：《从原生东方到兼容并蓄——中华文明发展初探》，见《文化遗产保护与城市文化建设》，358页，北京，中国建筑工业出版社，2009。

“魂”之所在的文化遗产，是历史赋予当代的庄严使命，也是当代为后代肩负的神圣责任。中华文明作为一个历史悠久、根基深厚的文化体系，具有自己鲜明的特色，其中蕴含着许多久经考验的有利于人类和谐发展，而又是其他文化所欠缺的优秀元素，不断为人类的进步和未来的发展提供新的思想启迪和文化滋养。保存在我国各地博物馆中的系列文物藏品，可以为中华文明描绘出清晰的文化图谱，使人们能够清晰地了解“我们是谁”“从哪里来”“到哪里去”，并找到与世界其他文化对话的正确立场和恰当位置。博物馆文化资源具有“跨行业”“跨学科”“跨领域”的知识属性和文化特点。因此，研究博物馆文化资源，必须以系统化的思维方法，积极理解和适应新的变化和新的特点，倡导和推动博物馆与各学科间的交流对话，打破学科壁垒和狭隘浅薄的门户之见，实现方法、视野的互补和相互激荡，从而实现博物馆文化的提升和创造。

博物馆是社会集体记忆的重要组成部分。博物馆旨在提高公民素质，提供唤醒人们理智的经验。一位作家写到“万一迷路，我希望自己就在博物馆附近。因为在博物馆你不会真的迷路”。“我们可以说，现在整个城市就是一个博物馆群。此时，我们所说的博物馆已经是个很宽泛的概念了。博物馆从来没有像今天这样如此深刻地影响着社会、如此深入地走进大众的日常生活中。这是一个属于博物馆的时代，是一个充满博物馆情结的社会，已经形成了势不可挡的博物馆现象。”[①]“博物馆已经成为我们文化景观中的一个主导性特征，形成了我们对历史与自身的最基本认识。”美国博物馆理论家D. 普莱茨奥斯（D. Preziosi）撰文写到：“今天，我们生活在一个深受博物馆影响的世界。如果没有这项卓越的发明，我们的世界将无

① 陈同乐：《后博物馆时代》，载《东南文化》，2009（6），6页。

法想象。”[①] 城市发展的目标是为了使人们的生活在物质和精神上得到多方面的满足。城市中的历史街区、文化遗存、社会习俗等一切物质与非物质文化遗产，均是漫长历史发展过程留下的记忆，渗透于城市中的每一寸土地，而博物馆正是收集和记录城市记忆，见证和展示城市变迁，具有特殊使命的文化设施。博物馆已经成为城市发展不可或缺的组成部分，以其巨大的文化力量，联系着社会生活的方方面面，成为惠及广大民众文化生活的“知识的殿堂”。

当近代科学来临的时代，英国的著名哲学家 F. 培根 (F. Bacon) 提出了“知识就是力量”的英明论断，他不仅在科学的意义上奠定了知识的至尊地位，而且也通过对知识的盛赞，在人类社会促成了对知识价值的普遍认同。长期以来，F. 培根的箴言不断被事实所验证，不论是工业革命的发展还是新技术革命的兴起，文化知识与科学技术都在其中起到了不可替代的决定作用。D. 格鲁考克 (D. Grewcock) 认为“城市博物馆是一个开放、真诚的民主地点，并且从物理上说，可以被看成城市的一部分，同时还是在城市历史语境中就城市问题进行辩论、商讨和实践的地方”[②]。新时期博物馆应该更加体现以人为本的精神，更新服务理念，强化服务意识，充实服务内容，突出服务特色，逐渐成为为社会公众服务的“知识的殿堂”。博物馆应分别针对学生观众、家庭观众、年轻观众、老年观众等不同的观众群体，设计和开展更多新颖、有趣的活动。开放部分过去隐藏的博物馆空间，如实验室、文物仓库的某一部分，使观众有机会揭开博物馆工作神秘的面纱去窥探其中的奥秘，采取向学校出借文物盒的方法，使学校拥有一个可以辅助教学的迷你博物馆。

① 李舫：《中国博物馆从“藏宝库”到“魔法棒”》，载《人民日报》，2010-01-29（17）。
② 邓肯·格鲁考克：《城市博物馆和城市未来：城市规划的新思路与城市博物馆的机遇》，载《国际博物馆》，2006（2），32页。

设计移动博物馆，走进小区、偏远的乡村或繁华的商业街区等非传统的展览地点，将历史学和考古学知识带到更多的人群中间。

四、博物馆应成为“城市的客厅”

如果说，让博物馆成为“城市的客厅”，那么，就应该使广大民众能够充分利用“城市的客厅”，享受到应该获得的文化氛围，接受文明的洗礼。当公众能够自由进出博物馆，把博物馆当作自己的博物馆，当作生活中不可缺少的部分，当作向外地客人展示精神家园的地方时，博物馆就成为所有市民引以为自豪的自己“城市的客厅”。博物馆文化的产生与发展，标志着人类文化的进步与成熟。城市的文化资源、文化氛围和文化发展水平，在一定程度上决定着城市是否具有活力和竞争力，决定着城市的未来。在此过程中，博物馆通过对城市生活潜移默化的影响，逐渐形成城市的文化标志，形成城市的文化品牌，形成城市的文化精神，形成城市的文化竞争力，引领未来城市经济社会的发展。文化遗产资源是一座城市最为宝贵、最为独特的文化优势。博物馆是公共文化服务体系的重要组成部分，是保护、收藏人类文化知识的殿堂，具有经典性、纪念性和永久性的特征，往往作为一座城市的文化坐标和文明形象而存在。博物馆以其深厚的人文积淀以及无可比拟的文化内涵优势，赋予城市以精神气质和文化品位。因此，博物馆应该积极创造条件，使广大民众作为城市的主人，更多地利用“城市的客厅”，为民众提供更为优质的社会服务。

一个城市的特色，大都是经历了几十年、几百年甚至几千年的积累、沉淀而形成的。城市文化特色形成不易，而毁坏往往却在转瞬之间，一旦遭到毁坏，便覆水难收，留下千古遗恨。城市失去了

浙江 2008 年度全国重要考古新发现成果展

记忆，失去了历史，也就失去了自己独有的特色，失去了灵魂。一个没有记忆、没有灵魂的城市，绝对与文化城市无缘。今天，在全球化、城市化和工业化的大潮中，城市的文化特色和个性正在消融，一些历史性城市也正在日趋变为所谓“国际化都市”的翻版。一些城市盲目建设大规模硬化广场、大面积进口草坪、大体量西洋雕塑，追求所谓的“气势不凡”，误以为建设材料档次越高，景观环境效果越好，不惜重金，不远千里，“打造”异国风情，进口的花岗岩或大理石铺装代替了本地的青砖地面或卵石铺装；进口高档木材或不锈钢材料装修代替了本地的木制构架或铁制围栏；进口的古树名木或奇花异草代替了本地的乡土树种或普通花草，于是，无论是购买运输，还是日后维护的成本都很高。更有一些严重缺水的城市，追崇“有水则灵”的城市形象，热衷于建造大型水面、人工瀑布、音乐喷泉之类的城市水景，不但耗地、耗水、耗电，而且缺少特色。在建筑造型上，不少城市钟情于“欧陆风”，尽管现代化西方城市的建筑风格早已出现变化，改为提倡简约，崇尚自然[①]。

博物馆文化属于精神范畴。博物馆的文化力量包含着理想、道德、科学、礼俗、情操等诸多文化因素，凝聚着博大精深的知识体系，成为人们的普遍价值取向与理想追求，形成独特的社会文化环境。文化软实力，作为21世纪人类社会发展的新动力，正在日益凸显出对于社会进步的强大推动作用。进入全球化时代，越来越多的城市拥有了先进的城市基础设施，一些城市居民甚至开始获得发达国家城市水平的物质生活享受。但是，这些并非人们所需要的城市生活的全部。今天，化解人与自然、人与人、人与社会等的种种矛盾，必须依靠文化的陶冶、教化、激励作用，发挥先进文化的凝聚、整合、传播作用。只有这样，一个社会才能得到较为有效的治理与健康、有序、和谐、可持续的发展。因此，更加融入城市文化、更加重视全民教育、更加关注社会发展、更加强调服务民生，应该成为博物馆文化新的关注点和思考点。博物馆的发展问题必须从文化的角度去研究和探索，因为博物馆正是在文化的土壤中培育和生长的。博物馆文化要在馆舍、邻里、小区、城市等各种物质和非物质构成的空间中，根据人们的需要，体察人们的思想、活动及喜怒哀乐的心理变化并加以研究，目的在于努力满足人们不同的生产生活的需要和方方面面的社会需求。

博物馆是一个内涵极为丰富的概念，博物馆的收藏几乎涵盖了人类社会和自然界的方方面面，并且同人类文明一样，是一个无限的发展过程。今天，越来越多的博物馆主动融入社会生活，不断建立和完善博物馆公众参与的机制。为了给更多的参观者提供文化服

① 高拯：《景观设计中经济视角的缺失》，载《中国建设报》，2010-05-19（8）。

务，首尔历史博物馆从2003年开始，将开馆时间延长到晚上10时，这项举措贯彻了“首尔特别市建立健康夜文化生活”的政策，而且博物馆承担了其中枢作用。根据这项文化政策，博物馆提供了“与爸爸一起观看展览”“为职工提供的历史补习班”“流动着音乐的博物馆之夜”等多种夜间展览项目。活动在首尔博物馆前的广场进行，包括做饼、做瓷器、叠韩服等市民直接参与的项目，这些项目从视觉、听觉、味觉、触觉等方面入手，再现和介绍了手工艺生产等在城市里难以见到或难以体验的传统文化项目。特别是各处的“体验角”，每日有超过1万名观众积极参与，延续着民众直接体验首尔历史与文化的热情。2008年4月，在首尔市35个博物馆、美术馆共同举办的“美丽首尔”专题展览中，展示了具有首尔地方特点的400件展品，集中反映首尔历史和文化发展变化，记录现代都市生活中急速消失的传统日常生活状况，并通过文化遗产保护的实践活动，将博物馆转型为城市文明的公共交流中心[①]。

博物馆是时代的一面镜子，系统地反映着一个国家、地区、城市的文化状况和特征。博物馆的文物收藏、科学研究、保护管理以及陈列展示，使得原本断裂的历史残片连缀成一段完整的历史之链，从而给人们带来感悟和启迪。博物馆是历史文化的保存者，同时，随着社会的不断发展和博物馆理论的不断创新，它也将自己置身于现代文明之中，不断完善、充实自身，发展成为类型齐全、布局合理、内容丰富、形式多样的博物馆文化。在一些发达国家，参观博物馆早已成为公众的一种休闲习惯，一种文化习俗，一种生活方式。每逢节假日，各大博物馆都会观者如织。特别是每逢精彩的专

① 朴相彬：《首尔历史博物馆地域文化发展的作用和课题》，李贤淑，译，载《沈阳故宫博物院院刊》，2008（6），22页。

题展览开幕，都会吸引参观者从四面八方赶来，使博物馆真正成为反映社会文明的窗口、培育公民素质的沃土和“城市的客厅”。柏林是德国第一个举办“博物馆之夜”活动的城市，每年两次，所有的博物馆由晚上6时开放至隔日凌晨2时，博物馆提供丰富的特别节目，一个夜晚参观博物馆的人数可以达到24万左右。美国学者L.芒福德（L. Mumford）指出：“城市有包含各种各样文化的能力，这种能力，通过必要的浓缩凝聚和储存保管，也能促进消化和选择。”[①]希腊的文物法律明确规定，古物属于所有市民共有。新发现的古迹、古物，要适时通过电视、报纸报道、宣传，相关部门不得隐瞒信息。

21世纪，世界城市之间的竞争并不仅仅体现于城市规模、城市经济效益指标及城市硬件的现代化程度，这只是一系列不断浮动变化的参数。城市包含着人们渴望享受的所有现代生活方式和赖以生存的人居生活环境。博物馆是一种社会现象，其产生、发展与社会的需要密切相关。伴随着时代的变迁，博物馆不断担负新的历史使命，回归“为社会及其发展服务”的总体目标。事实证明，博物馆是城市文化建设的重要力量，也应当在城市文化建设中扮演应有的角色。博物馆有责任、有能力积极参与并帮助人们理解与改变他们的城市环境，为构建一个更加和谐、美好的社会做出积极的贡献。几十年来，我国的博物馆从被认为是“城市的名片”，发展到被视为“城市的客厅”。今天，博物馆的发展与所在城市的历史文化、政治经济、民风民俗有着紧密的关系，包括生态环境、地理地貌，博物馆伴随着整个城市的呼吸而生存，人们早已无法把博物馆的发展与城市的发展割裂开来。在当代社会生活中，博物馆是新的城市文化

① 刘易斯·芒福德：《城市发展史——起源、演变和前景》，宋俊岭，倪文彦，译，412页，北京，中国建筑工业出版社，1989。

中心，是公众交往的重要场所，更是对外交流的舞台，其公共空间的开放性、共享性是衡量博物馆水平的重要标准。博物馆也只有更深入地渗透并融入城市文化，才能真正发挥出“城市的客厅”的作用。

1993 年，K. 赫德森（K. Hudson）在一篇题为《大欧洲博物馆》的文章中阐述了对于博物馆功能的理解：“从博物馆的角度看，我认为每个城镇、村庄、景观，每个国家，甚至每个洲都可以被看作是一个‘大博物馆’。在这里，每人都能找到他们自己的根，都能明白他们如何融入数百年来延续下来的人类活动的各环节之中。‘大博物馆’的传播推广要通过我们所说的博物馆这一机构来进行。博物馆存在的真正原因是它能使我们的生活更有趣、更有意义。”H. 弗里曼（H. Friman）在斯德哥尔摩市博物馆工作了很多年，对此深有同感，即博物馆的主要任务和经营范围就是城市本身，博物馆必须参与到城市的建筑环境和社会生活的诸多变化的讨论之中。博物馆不仅要通过物品的收集和行为的实证，更要通过观点的交流、沟通和辩论来获取这种功能。博物馆的存在主要是激发市民对博物馆围墙之外城市及世界的好奇和探索之心。为此，H. 弗里曼（H. Friman）于 1996 年秋在斯德哥尔摩街区启动建立了一种新的、没有围墙的博物馆，开始用新方式与人们沟通。“这个项目的另一个重要目的是向参与者们开放城市，以便他们能逐渐把斯德哥尔摩视为一个属于他们的地方。”在“斯德哥尔摩教育”背后还有更深一层的意义，那就是营造一个良好、开放的社会①。

在城市中，文化遗产是经过漫长历史时期逐步形成和遗留下来的宝贵财富，反映着城市的历史、社会、思想的变迁，是“可能触

① 海伦娜·弗里曼：《没有围墙的博物馆》，载《国际博物馆》，2006（2），55 页。

福建全国生态（社区）博物馆研讨会

摸到的消逝了的真实”。城市的魅力在于特色，而特色的基础又在于文化。城市一旦形成深层的文化，形成市民的集体性格，这个城市便有了魅力，也就有了城市精神。城市精神不仅写在历史书上，而且活生生地存在于市民的集体性格之中。文化城市应具有鲜明的文化特色。城市文化特色不仅是一种凝聚力和认同感，更是外界看待、了解一座城市的重要切入点。只有具有鲜明特色的城市，才能在世界上拥有属于自己的地位。文化特色和个性的消失，将失去历史性城市参与全球化竞争最具影响力的文化资源，对于一座城市的长远发展而言极其危险。“一个商业气息时刻扑面而来的躁动城市不可能是文化城市。”一座没有博物馆的城市，是一座没有灵魂的城市。博物馆本身就是动态过程的记录，既为今天记录过去，又为未来留存今天；既使历史文化得以保存，又使现代文化得以融入；既展示历史与现实间的关系，又展望未来的发展方向。在这一形势下，博物馆应当努力担当“城市的客厅”和文化中心的角色，表现出特有的文化质量，为城市良好的人居环境增添文化与艺术气息，提升城市的文化竞争力。

把博物馆比喻为“城市的客厅”，是对博物馆功能的一种阐释，能否真正发挥作用，关键在于公众能否参与，在于能否建立和完善博物馆公众参与的机制并在制度上给予充分的保障。维也纳博物馆中心由占地约6万平方米的昔日奥地利皇家马厩改建而来。随着奥地利现代艺术博物馆、维也纳利奥波德绘画博物馆等几十家不同规模的艺术机构在附近安家落户，该地区成为世界著名的文化聚集区之一。《思奇》是维也纳博物馆中心广场空地上的一组极具特色的雕塑。这是一组用于公共区域的多功能雕塑，由114个完全相同的构件组成。夏日时它们被用作独立的座椅或躺椅，供市民与游客休息、纳凉和玩耍；冬日时将分散的各部分组装拼接起来，成为一间别出心裁的“爱斯基摩冰屋”。《思奇》每年更换一种颜色，以全新的面貌迎接来自世界各地的游客，例如2003年是“游泳池蓝色”，2004年是“亮玫瑰红色”，2005年是“开心果绿色”，2006年是“惬意红色”，2007年是“奶油米色”，2008年是“奥地利紫罗兰色”，2009年则是“柠檬黄色”。而2010年，维也纳市民可以在3月14日前通过互联网为雕塑《思奇》挑选颜色，备选的四种颜色分别为“茂盛草场的绿色”“糖果店的粉色”“草莓田地的红色”以及“市中心区的灰色”，选票的统计结果由维也纳博物馆中心网站予以公布[①]。

五、博物馆应成为“文明的窗口”

如果说，让博物馆成为“文明的窗口”，那么，就应该使广大

① 王娟：《维也纳市民上网为博物馆雕塑选颜色》，载《中国文化报》，2010-03-11（3）。

民众参观博物馆的过程成为开阔文化视野、增长科学知识、接受传统教育和享受知识熏陶的过程，同时也是提升文明素质的过程。城市是文化的产物，又是文明的重要生成地。城市出现的时候，正是人类文明曙光升起的时候。城市本身就是一件杰出的文化作品。文化的力量深深地熔铸在城市的创造力和凝聚力之中，是团结民众、推动发展的精神支撑。博物馆是人类历史发展的见证，代表着一种独特的艺术成就和独特的自然风情，因而是在更高层面展示人类文明。所以，在一座城市中，博物馆是集中体现城市文化灵魂的场所，是促进科学文明的课堂。博物馆应根据公众的多样性需求，在增强吸引力、寓教于乐等服务功能上下功夫，从而使博物馆的教育功能充分展现。博物馆是城市“文明的窗口”，是建设文化城市的重要资源，博物馆作用的发挥，就是城市文化的弘扬。将博物馆作为“文明的窗口”，其目的在于增强文化在国家生活中的地位与作用，使博物馆更加融入社会，更加贴近民众、贴近生活、贴近实际，提高博物馆的社会贡献率。因此，博物馆必须主动地联系观众，从公众需求出发，严肃认真地设计提供服务的过程，将服务观众的思想贯穿于博物馆发展整个过程的始终。

自人类进入 21 世纪以来，我们所面临的突出问题是环境恶化与文化冲突，协调各种文化之间及人类与自然之间的矛盾，是当今世界最紧迫的任务。而博物馆在保护文化多样性及生物多样性，开展不同文化之间的对话和不同族群之间的交流方面具有得天独厚的优势。因为博物馆中保存着不同民族、不同文化色彩的精神财富。这些财富告诉人类应当如何相互依存、相互帮助，为了人类更加幸福的未来共同努力。因此可以说，博物馆是沟通文化的桥梁，是推动社会变迁与发展的力量。人们对博物馆文化的热爱，表达出人们对历史记忆的渴望。在漫长的岁月里人类创造了璀璨的文明，然而，如果没有对历史有意识的记录，再辉煌的文明也将被岁月的尘埃裹挟而去。“当前，我国博物馆的职能和社会角色正在发生显著的变化，从传统的重视保藏和研究功能，逐步转向更加突出文化传播、宣传教育和休闲娱乐功能。”“藏品若被利用好，便不再是静止的对象，而能成为可以引起化学变化的酵母，它们对观赏者潜移默化的影响巨大，对艺术生命有再造之功，会催生新的艺术珍品的诞生。当新的艺术珍品也成为藏品时，便构成了一个美妙的‘生态循环’过程。”[①] 从“物品”到“藏品”，实现文化遗产的保护，再从“藏品”到“展品”，实现文化遗产的传承，博物馆以这一“生态系统”的延续，参与社会和谐发展的进程。

从世界博物馆的起源来看，博物馆是城市文明的产物，是一座城市历史的文脉，是一座城市文明的窗口，是一座城市发展的灵魂。一个城市的文明发育，不仅体现于现代化的程度，更重要的是历史发展的延续性和独特性，保护历史文脉就是保留城市的“根”与“魂”。在全球化背景下的后工业时代，文化财富的积累和保护是文明发展的基础，文化财富是最重要的社会资源，对于未来发展拥有无限潜能。圣彼得堡市被称为俄罗斯的“文化首都”，这一地位的确立在很大程度上得益于该市拥有众多举世闻名的博物馆。圣彼得堡拥有 250 座博物馆，在市内 36 个历史文化保护区内的 4000 多处历史建筑和文化遗迹中，分布着艾尔米塔什博物馆、俄罗斯博物馆等享誉世界的著名博物馆。博物馆形成了圣彼得堡社会特殊的心理状态，实现了民众对文化财富的永久继承，成为城市稳定发展的重要因素。没有博物馆文化就无法想象圣彼得堡今天的生活和未来的发

① 雷新：《免费促成中国博物馆华丽转身》，载《人民政协报》，2010-05-18（A3）。

展。同时，丰富的博物馆资源也支撑着圣彼得堡的经济复兴，深厚的文化底蕴使其具有特殊的投资魅力，为市民带来现实的社会福利。圣彼得堡利用得天独厚的文化财富培育着现代社会的合格公民。圣彼得堡民众认为，博物馆文化滋养着现代科学、教育和文化，是民族自尊和获得国际尊严的力量源泉。因此，圣彼得堡将博物馆建设作为城市发展的重要战略，博物馆在社会生活中占有重要地位。

波兰华沙起义纪念碑

近年来，对博物馆的钟情成为上海市民突出的文化特征。“2003 年 1 月 6 日是一个极其普通的日子，然而这一天因为‘晋唐宋元书画国宝展’在上海博物馆落下帷幕而变得不普通。在上海博物馆的 50 年历史上，还没有哪一个展览把闭馆时间定在子夜，让最后一批观众在迎接晨曦时离开，而气氛比开幕式还隆重热烈。”一场文化热浪席卷了申城。“晋唐宋元书画国宝展”展出的一个多月，每天凌晨，零下五摄氏度，但是观众已经在严寒中开始形成队伍，直至早上开馆。进馆后在《清明上河图》等展品前依然排起长队，一排就是几个小时。《解放日报》为之刊登长篇通讯《长队优美——“晋唐宋元书画国宝展”的告诉》，记者的文字客观而深刻，“不是计划时期抢购凭票商品，不是春运高峰苦候返乡车票，不是房产旺市竞买火爆楼盘。前所未有的长队，史无前例的人潮——上海排队看书画”。新世纪的上海完成了一次颇具辐射力的“文化轰动”，“这是一座城市的朝圣。如果不是因为虔诚，华发老人怎能在零摄氏度中伫立；如果不是因为真挚，花季学子怎能在寒风中守望；如果不是因为景仰，背着双肩包的欧美教授怎能一出机场就奔进了这支队列”。打动人们的不仅仅是 72 件“国宝”，还有伴随珍贵文物而呈现的民族凝聚力，它们诉说着民族文化的博大精深、源远流长①。

博物馆文化是城市文化的重要组成部分，博物馆文化又与作为背景的城市文化互动互益。城市因为有了博物馆及其文化积累而显得和谐与宁静，博物馆也由于有了和谐与宁静的城市环境而更加理性与深沉。博物馆创意无限的文化情怀不仅丰富了城市文化的色彩，还提升了城市文化的品位，凝聚了城市文化的精髓。城市文化的发展也对博物馆文化不断提出新的要求与挑战，促进博物馆在城市文化发展进程中拓展自身功能与社会功能，使博物馆更好地为城市文化品格、文化品位和文化质量的育成做出贡献。博物馆以其独有的文化资源和文化方式为社会服务，构成独特的博物馆文化形态，用“润物细无声”的方法，滋润着城市文化，养育着城市风骨，弘扬着

① 陈燮君：《新的价值体系中的博物馆文化的力量与智慧》，载《浙东文化》，2008年创刊号，11 页。

民族精神，传承着人类文明[①]。今天，博物馆在作为文物收藏机构的同时，更应该成为城市文明的践行者，承担起城市文化中心、教育中心、学术中心、休闲中心和娱乐中心等多项新的职能，只有这样博物馆在城市经济社会发展中的潜能才能得以发挥。博物馆作为现代城市的象征和地标，在提升公众的文化素质和修养的同时，传承和培育着城市的文化内涵，民众对城市的归属感、满意度、亲和力，随着博物馆功能的发挥而得到强化，最终将影响城市的综合实力和竞争力。

我国学者在新世纪之初曾经提出“文化就是力量”的命题，也得到了社会各界的高度评价和积极响应。文化是国家和民族的灵魂，集中体现了国家和民族的品格。今天，人们越来越发现博物馆文化所具有的非同寻常的伟大力量，无论是人们把博物馆文化视为人类创造的物质与精神财富，还是把博物馆文化视为人类独特的生活方式，它都为人类社会的发展提供了巨大动力。今天，“博物馆作为文化遗产的保护神，异军突起的教育新天地，高档文化消费的乐园的现代形象已经树立起来，博物馆已经深深地植入现代社会之中”。博物馆最大的优势就在于它珍藏着传承文化传统的物证，因此博物馆存在的真正意义是让观众找到个人与社会的文化认同，同时也使本民族的文化得以薪火相传。为了迎接2009年国际博物馆日，香港文博界发起了以“全城投入·博物馆动感巡礼”为主题的活动。有关部门专门推出了“动感博物馆”车队，穿梭于港岛、九龙和新界的闹市、游客区和博物馆之间，以提升市民参与博物馆文化活动的兴趣，拉近博物馆与公众的距离。在日本东京的上野，以东京国立博物馆为首的博物馆、美术馆、艺术大学，形成了“上野森林文化

① 陈燮君：《博物馆——守望精神家园》，载《人民政协报》，2009-09-01（C4）。

圈”，收藏着国宝和重要文化遗产的“优秀作品”。陈梦家先生曾感言，在美国“城市无分大小，其博物院皆为艺术文化之中心”[①]。

日本奈良国立博物馆

博物馆的文化作用不仅仅表现在文物收藏、文物研究和文物陈列，还表现在引领城市文化、弘扬城市精神、搭建多元文化交流平台等方面。浓郁的城市文化氛围熏陶、浸润着民众，使一代代市民传承着城市的文化基因，也培育着每一位市民对城市文化的眷念。随着城市居民物质生活条件的改善和居住质量的提高，文化需求也日益强烈，他们迫切希望居住环境不再是冷寂的钢筋混凝土建筑群落，而是拥有完善的文化设施、充满温馨的文化氛围、能满足多样文化需求的精神家园。美国20世纪著名盲聋哑作家H. 凯勒（H. Keller）在《假如给我三天光明》中写到：“她将用生命中可能获

① 范剑青：《博物馆与城市一起诞生》，载《人民日报》，2008-10-28（8）。

得的仅有的三天光明中之一天，参观博物馆——美国的大都会博物馆和自然历史博物馆。”1999 年，意大利的保罗格纳出现一座“空的博物馆”——犹太博物馆，整个博物馆没有一件藏品，它的兴建必须放在当前意大利的“新多元文化主义”和“反种族主义”的背景下才能被理解，完全成为理念的产物[①]。美国《华盛顿邮报》称：当代美国的博物馆已经成为“新的城市广场”，举办从爵士音乐会到教育研讨的各种活动，没有任何别的场所能像今天这样的博物馆一样，把各种不同的人聚集到一起[②]。

今天，“以征集、保护、研究、传播并展出人类及人类环境的物质及非物质文化遗产”为使命的博物馆，是人类文化记忆与传承、创新的重要阵地，是提高人们文化修养的重要场所，发挥着教育、审美、激励、凝聚、娱乐等多种作用。莫斯科市博物馆的社会职能与城市小区关系十分密切，其工作目标已经超出举办各类展览活动和日常接待参观者的定位和限制，转而积极地参与各类城市活动。关于城市发展中的社会和道德问题，诸如犯罪、宗派及种族纷争或恐怖主义等，都纳入博物馆的展览主题。他们认为“我们的使命核心中有多重主义价值观，保护居住环境，拒绝暴力和极端主义，帮助人们适应城市生活，捍卫文化多样性”。博物馆的社会使命，实际上就是帮助人们进行自我表达，在城市小区生活中传播保护文化遗产和保持文化多样性的价值观念。直到 20 世纪初，莫斯科还留存着吹奏口琴这一古老的俄罗斯传统习俗，特别是在城市郊区的工人居住区。但是这一文化传统在近代几乎荡然无存。近年来，莫斯科市博物馆开始收藏古旧口琴，成立了“俄罗斯口琴博物馆”的分馆，

① 朱莉，丁燕：《博物馆：城市文明的践行者》，见《携手 2010：宁波国际博物馆高峰论坛论文选辑》，109 页，非正式出版物。

② 李玫：《博物馆走进社区的意义及途径》，载《博物苑》，2008（1），25 页。

开展旨在重新确立口琴演奏技巧的科研项目，并举办了“口琴——俄罗斯之魂”音乐节，如今该音乐节已经成为一个广受欢迎的国际性博物馆节[①]。

2001年，美国的一项“艺术、文化与国家对策”项目研究报告认为，美国文化是美国智慧和创造精神积聚而成的一种资本。这种特殊的资本既是人类成就和历史的宝藏，也是人类创造力和创新精神的源泉。近年来，软实力作为一种重要的国家力量被提到国家战略的高度。一切可以外化为物质力量的实力都是硬实力，包括制造力、运输力、打击力等；可以内化为精神动力的力量，都可以称为文化软实力，它的柔性特质，较之硬实力来说，比较容易被对手接受，而不易产生激烈的对抗反应。未来世界的竞争不仅仅是政治的竞争、经济的竞争，也将是文化的竞争。文化软实力的发展与文化的竞争已成为21世纪最核心的话题之一。博物馆事业的总体规模、管理水平和服务质量往往成为衡量一个国家、一个民族、一个城市文化发达程度的标志。当前，国际形势正在发生深刻的变化，安全问题不再是单纯的军事问题，已经涉及经济、政治、金融、科技、文化等诸多领域。在当前市场经济下，物欲横流，道德底线不断被冲击，各种矛盾时有爆发，群体性事件频发，努力塑造公平、公正、民主、法治的价值观迫在眉睫。在西方发达国家首先开始的金融危机，使人们开始反思过去的西方价值观，开始重新认识东方传统智慧，并试图从中找出好办法。在这一背景下，博物馆重新被社会各界所重视，博物馆文化可以鼓励人们创造更加和睦与和平的生存环境。

① 塔季扬娜·戈尔巴乔娃：《城市博物馆及其价值》，载《国际博物馆》，2006（2），50页。

关于故宫博物院的专业功能与社会职能[①]

（2012 年 2 月 14 日）

自从春节前我到故宫上班以来，一直有媒体朋友联系希望采访。但是我有些犹豫，主要是因为刚到一个单位，“下车伊始”，还没有了解情况，进入角色，就表态发言，怕不稳妥。直到今天应该说我还没有什么发言权，正在进行调研过程之中。但是，在座的很多都是老朋友，在过去长期的工作中，给予我很多支持，心存感激，因此不向大家汇报汇报，又觉得过意不去。

一、到故宫博物院工作的初步感受

有的朋友问我，俗话说新官上任“三把火”，你的“三把火”准备从哪里烧起？我告诉他，故宫是世界上规模最大的木结构古建筑群，故宫保护最怕“火”，所以我一把“火”也没有，好在我的名字里有“雨”，我倒准备好“水”了。做好故宫博物院的工作，首要的责任是确保安全。刚才虽然是开玩笑，但是，我想说明两层意思：一是故宫的事业是永远的事业，必须一步一个脚印地做事，过去已经确定了的事项，必须脚踏实地地抓好落实，二是面对故宫这个有着 600 年历史的文化瑰宝，面对故宫博物院这个有着 87 年历史的文化圣地，必须心怀敬意地加以研究，审慎决定各项工作目标和实施

① 此文为 2012 年 2 月 14 日在故宫博物院新闻媒体通气会上的发言。

方法，来不得半点浮躁。

必须承认，担任故宫博物院院长的职务，对于我的能力、学识、经验都是一个挑战。因此，我的工作从调查研究开始。主要通过各种方式，学习、了解、熟悉故宫博物院各方面工作的情况。首先分别向各位院领导讨教，了解其所分管工作的情况。二是分别到故宫博物院的 32 个部处进行了走访，体会各个部门的工作环境，接触在第一线工作的同事，听取情况介绍，讨论当前工作，初步交换意见。三是利用节假日，走访故宫博物院在职和离退休的著名学者、文物专家和历任院领导以及社会上的专家、学者，聆听了他们的指导和建议，这些都是难得的学习机会，收获很大。四是走访了相关单位和部门，感谢他们以往对故宫博物院的支持，并希望继续得到他们的指导。

看望故宫博物院郑珉中先生

通过调研我有了三点深刻体会：一是深深感受到故宫博物院有着悠久的历史和优良的传统；二是深深感受到故宫博物院的前辈们为事业发展所做出的不懈努力；三是深深感受到全体员工对故宫博物院的深厚感情。所有这些，令人感动，催人奋进。近年来，故宫博物院在郑欣淼院长和院领导班子的带领下，全院同人团结协作，奋发有为，克服了很多困难，无论是制度建设、摸清家底、古建修缮、藏品保护、科学研究、陈列展览，还是安全保卫、观众服务、文化传播、两岸交流、科学管理等方方面面的工作，都取得了长足的进步和全面的发展，做出了有目共睹的成绩，赢得了同行的尊重。

在这里我举两个例子。一是近年来故宫博物院完成了文物藏品的普查登记工作，使故宫的馆藏文物数量从近 100 万件增加到了 180 万件，真正做到实物和目录一一对应，即故宫博物院文物藏品总量 1807558 件（套）。这是故宫博物院历史上最彻底的一次文物清理、建档登记。二是历史上由于种种原因，故宫的一些古建筑和文化环境不断被外单位占用，故宫的完整性不断被破坏。而近年来，从御史衙门到大高玄殿，再到端门及两侧朝房，一座座文物建筑得以回归，紫禁城更加壮美。大家知道，故宫古建筑群正在进行系统修缮，修缮工程从中路向两侧展开，不但使古建筑的健康状况得到保障，同时，经过修缮后的文物建筑逐渐得到合理利用，例如武英殿和文华殿分别作为古代书画和瓷器的陈列展厅，气氛典雅，凝重和谐。午门经过修缮后作为陈列展厅对社会开放，在这里举办了一系列国际文化交流和重要展览。

故宫对于我来说并不完全陌生。记得过去教中国古代建筑史的时候，单士元先生带着我考察了故宫博物院的不少地方。后来在北京市文物局和国家文物局工作，很多方面的工作都与故宫的文物保护、博物馆管理有较密切的联系。但是一旦走进故宫，成为“故宫人”，仍然感到故宫的文化底蕴深不可测，文化资源博大精深。正像专家们所说，故宫是一部永远也读不完的百科全书。国家文物局的工作注重宏观政策和监督管理，而故宫博物院作为具体的文化事业单位，工作任务种类繁多，更加需要有“一竿子插到底”的工作态度和实干精神。

故宫博物院的文化身份极为特殊。一是故宫是世界上规模最大的古代宫殿建筑群，是北京这座世界文化古都的重要组成部分，国家历史文化名城的核心内容。在保护级别上，故宫是国务院公布的首批全国重点文物保护单位之一，也是我国第一批进入《世界遗产名录》的世界文化遗产。二是故宫是世界上文物藏品和文化资源最丰富的博物馆之一，是当今世界上来访观众最多的博物馆。既是世界文化遗产，又是世界著名博物馆，这些文化身份集于一身，就要求故宫博物院应该通过不懈的努力，成为既值得骄傲、又令人尊敬的文化典范。

故宫在社会民众的心目中具有重要的地位，崇高而神圣，人们把故宫文化遗产的保护看作每个人的职责，具有强烈的责任心和使命感。的确，故宫既是北京的，也是全国的，还是世界的；故宫既是过去的，也是今天的，还是未来的。她从历史中走来，还要健康地走向未来。因此，每一位社会公众对于故宫文化遗产保护，都有知情权、参与权、监督权和受益权。作为“故宫人”，保护好故宫文化遗产，建设好故宫博物院，更是我们的神圣职责，使命神圣而光荣，责任重大而艰巨。

二、关于故宫文化遗产保护与开放服务

今天，世界上恐怕没有哪座博物馆或哪处世界文化遗产地，面临如此多具有挑战性的管理课题。世界上没有一座博物馆，每年迎来上千万的参观者。而故宫在过去的一年，观众人数达到1400多万，并且每年仍在以较快的速度增长。从1949年的100万观众，增长到2002年的700万观众，经历了50多年时间。而从2002年的700万观众，增长到2011年的1400万观众，仅仅经历了10年时间，也就是说10年之内观众人数整整翻了一番。这一增长速度在国内外博物馆领域绝无仅有。去年故宫博物院的观众人数比上一年增长了一成多，预计今年还会保持这样的增长趋势。

我们体会到，参观故宫的需求是刚性的。故宫博物院观众人数的增加是社会发展环境造成的。从国际上不同国家的发展经验来看，当人均国内生产总值超过3000美元时，旅游人数将开始迅速增长，而当人均国内生产总值超过8000美元时，旅游消费在很多家庭支出结构中的比重将越来越大。目前，我国东部地区人均国内生产总值普遍超过了8000美元，而西部地区人均国内生产总值也普遍超过了3000美元，逐渐富裕起来的广大民众开始纷纷走出家门，加入文化旅游大军。人们向往首都北京，到北京旅游往往首选天安门广场和故宫博物院。随着广大民众生活水平逐渐提高，在今后相当长的时期内，故宫博物院的参观人数必将持续增长，这是难以逆转的趋势。

同时，故宫的观众群体有两个活动规律：一是时间上不平衡，二是区域上不平衡。在时间方面，每年的暑期是高峰，7月中旬至8月下旬往往形成40多天的持续高峰，每天接待7万名左右的观众，更有14天持续超过8万。“五一”和“十一”长假期间，更是观众

的参观高峰，去年 10 月 2 日观众人数超过了 13 万，严重超过故宫的承受能力。在区域方面，第一次来故宫的普通观众，总要沿着中路参观，看故宫壮美的古代建筑群，看古代皇帝的宫殿和生活起居场景，因此故宫中轴线上的观众格外集中。这种时间和空间上的不均衡，正是故宫文化遗产保护与开放服务的矛盾所在，也是故宫文化遗产保护的难点和重点。解决问题必然要在空间和时间两个方向同时入手。

首先是空间，一方面通过修缮使更多的文物建筑保持健康状态，通过修缮使更多的文物建筑群实现对公众开放。根据故宫保护总体规划，故宫开放面积由 2002 年的 30% 增加到了目前的 45.79%，面积达到 329717 平方米；另一方面通过调整展览布局合理扩大开放空间，通过提高服务水平、改善服务设施、有序疏导人流等，来增大接待能力，降低单位面积的人流，减少拥堵风险。比如修缮后的慈宁宫、寿康宫都将设立与其风貌相符的展厅，与南部的武英殿等展厅共同组成西部开放区，吸引更多的观众从中轴线分流过来。同时，将收回故宫进行管理的文物建筑，经过修缮后科学、合理地利用起来，不仅增大开放空间，而且可以通过这些空间提升综合服务接待能力，从而达到间接增加开放面积的目的。例如午门雁翅楼收回后经过修缮，将成为大型展厅，又会吸引更多的观众参观而缓解三大殿的压力。再有紫禁城北侧的大高玄殿，经过科学规划也会采取适当的方式对公众开放。

我们十分珍惜此次端门地区的归属调整，端门地区的使用必须坚持公益性，坚持为观众服务。目前端门地区已经清退了商户，清退了临时展览，还端门地区一个清静、典雅的面貌。端门前的朝房和广场应主要用于为观众服务，包括改善售票的环境，缓解午门拥

故宫古建筑修缮研讨会

挤程度，售票窗口由原来在午门前的20个，移到端门朝房后可以增加到28个，避免观众在购票过程中过分拥挤，从而保证观众安全。下一步使用安排分为两步实施：一是实施为观众服务的一些应急措施，迎接今年夏季的客流高峰，以缓解午门区域客流压力为目标；二是同时考虑这一区域的整体规划，细致、合理地规划安排好整个端门地区的房屋使用。已经确定的是端门西朝房全部用作售票处、观众咨询中心等服务设施，东朝房是必要的管理部门办公值班场所。除了对端门地区进行规划和使用外，还进行景区配套设施建设，包含观众咨询中心、票务中心及午门的安检、检票通道系统建设等，来改善午门地区的参观环境和秩序。同时一部分端门朝房用于观众咨询和对特殊群体的个性化接待、特殊照顾，准备残疾人轮椅和儿童车，保障残疾人、老年人、孕妇、儿童等弱势群体的安全通行、便利使用和顺利交流。总之，希望能为来故宫博物院的观众提供更加舒适、合理、周到、便捷的服务，使故宫博物院的公共服务达到更高的水平。

合理调整办公科研用房，通过建设好西河沿文物科技保护用房和海淀区上庄综合业务基地，将红墙内的办公科研场所全部迁出，实现红墙内无办公区；将行政库房、花房和院内所堆积的大量建筑施工材料等迁出紫禁城，净化故宫博物院内的环境和消除隐患。不仅可以把红墙内的殿宇还给观众，而且还可以将西河沿文物科技保护用房建设成为文物科技保护长廊，向专家学者和社会公众适当开放。

经过不懈的努力，全部规划完成后开放区与非开放区的比例约为8 ：2，开放区包括开放展示和游客服务两个部分，未来故宫博物院对公众开放的面积大约占全部面积的76%。还有，故宫博物院将与北京市政府有关部门通力合作，通过改善故宫周边环境、优化参观路线等方法提高参观质量，也会在一定程度上减弱开放与保护的矛盾。

其次是时间。故宫的淡季与旺季差距非常明显，在每年的观众流量曲线图上可以看到高度一致的“双针一峰”图形，即“五一”“十一”两根针，暑期一座峰。具体来说，两根针是指单日峰值超过12万人（最高值14.8万人）、日均超过8万人，一座峰是指暑期人流密集持续时间长达一个多月的情况，而淡季日均仅3万人，就是刚刚过去的春节黄金周也不过日均3万人。如果以去年1400万观众计算，全年日均不到4万人。所以总体上必须合理配置参观时间，削峰填谷，在特殊时段采取适当的限流措施仍然要坚持下去。认真总结去年“十一”黄金周的经验，适当调整限流措施细节，配备相应的仪器设备，加大提前预约售票的覆盖范围，并且广泛宣传我们的现状和措施，让尽可能多的观众主动配合，才能够在保护文化遗产的同时，最大限度地缓解接待参观压力，满足观众的参观需求。

大家可能不知道，国内外的每一座博物馆都有一定的休息日，或一周一天，或一月两天，有利于日常维护和职工休整，而故宫博物院实行的却是全年365天开放，全体员工“连轴转”，可见故宫博物院的同人们为服务观众、奉献社会付出了很多心血和辛劳。

目前，故宫世界文化遗产监测中心已经正式挂牌成立，对古建筑本体、动植物、室外陈设、气象、环境、藏品、游客、安防以及配套的非古建用房、管理监督体系等十多个方面进行长期不间断的监测，建立数据库，以数字化监测管理平台整合资源，实现监测与管理的科学性、完整性和系统性。在完成《故宫保护总体规划大纲》的基础上，近日已经正式委托专业部门编制《故宫保护总体规划》，即将启动。在《故宫保护总体规划》的指导下，积极稳妥地安排年度文物建筑修缮，一如既往地坚持进行科学严格的设计、论证和施工。继续加强修缮过程中的管理，加紧做好文物建筑修缮工程报告撰写和出版工作，加强科研意识、课题意识。保持文化遗产的真实性和完整性，目前，故宫修缮工作已经进行至常态化修缮阶段，要坚持“先救命后治病的原则”，优先设计、修缮存在严重危险隐患的、能产生较大社会影响的、更好发挥社会功能的建筑。今后不但要注重文物建筑的大修，还要注重文物建筑的岁修，注重日常的保养和维护。

故宫博物院不像现代建筑的博物馆那样处于封闭的楼宇环境中，而是由8000多间分散的房屋组成，还有更多的室外开放空间和复杂多样的地面环境（诸如高低错落的城墙、胡同、假山、河道等）。故宫内如倦勤斋、雨花阁等区域虽然目前修复保护状态较好，但是由于空间极为狭小，室内光线不足，易损文物数量较多，从文物保护角度出发不适合对公众开放。我们已经通过科技手段，对原有文物和建筑进行数字扫描和影像摄制，并拟于今后在网上数字故宫中进行展示，使广大民众可以了解、欣赏。

一段时间以来，很多社会公众关心复建以后的建福宫花园的合理利用问题。今后建福宫花园完全由故宫博物院管理，不会成为有人担心的“顶级富豪私人会所”。建福宫花园今后将用于举办小型展览、文化讲座、新闻发布会等文化活动，坚持和更加注重公益性原则，增强公众的参与性。去年以来，在这里已经举办过多次公益活动或学术活动，例如“孩子，圆你故宫梦”公益教育活动、“辛亥革命与故宫博物院建院学术研讨会”、“故宫学的范畴、体系与方法学术研讨会”、“紫禁墨存 兰亭今咏”中华传统诗词大奖赛颁奖典礼等多层次多领域人员参加的活动等，今后还会有更多的公众来到这里参加活动。

三、关于故宫博物院的专业功能与社会职能

办好陈列展览是故宫博物院专业功能与社会职能的重要体现。近年来，故宫的陈列展览水平和社会影响不断提高，积累了大量经验。我们希望故宫的陈列展览形成自己的特色和风格，也就是突出文物展品和历史事件的关系，突出文物展品与原有环境的关系，突出文物展品与社会生活的关系，总之，突出故宫独有的文化特色。这就需要更加深入地研究文物藏品的内涵和价值，深入揭示文物藏品背后的故事，提倡精品意识，增加文化内涵和科技含量，力争达到历史性与时代性、思想性与观赏性、科学性与艺术性、学术性与

趣味性、知识性与通俗性的完美结合。去年在午门展厅举办的“兰亭特展”就是在这些方面的有益尝试，根据观众调查的结果，国庆黄金周7天接待了4万多名观众，无论普通观众还是专家都从各自关心的角度给予了较高的评价，配合展览出版的《兰亭图典》《兰亭的故事》和研发的兰亭系列文化产品，也受到了欢迎。

对于一个现代化的博物馆来说，展出文物的数量只是众多指标中的一个，所占比例不能作为衡量展览水平或管理水平的依据，关键是要看展览的质量。当然，由于故宫博物院的特殊地位以及它收藏的文物数量与质量很高，公众希望看到更多的精品文物。所以故宫过去和将来都努力采取措施把更多的文物藏品展示给公众，据我了解，现在每年展出的文物数量将近1万件，既有在专题展馆（如书画馆、陶瓷馆、玉器馆、珍宝馆、钟表馆等）中展示的，也有在原状展室（如养心殿、太和殿、坤宁宫、储秀宫等众多殿宇）中展示的，还有在临时展馆（如延禧宫古书画研究中心、古陶瓷研究中心、斋宫、午门、神武门等）中展示的，每年平均展览数量为20~30个。而且，故宫每年都在各省市博物馆举办展览，包括参与地方博物馆联合举办的、单独主办的多种形式的展览，例如金银器展巡回展览赴山东、内蒙古、浙江、福建、辽宁、海南、广东、深圳等数十个省市。

今后，故宫博物院还将开辟新的展厅，继续增加展示文物的数量。特别是在故宫的南部将形成以午门、东西雁翅楼、武英殿和文华殿为主体的博物馆展览设施群。展示文物数量和展览的水平都有大幅提升。还有一点需要说明，文物是否能够展览还与文物本身的保存状况和保护需要密切相关，比如有的文物有伤况就不宜展览，有的文物正在休眠期也不能展览，还有的文物注定就没有展览的机会，就像清宫旧藏的28万件统瓷，有很大一部分是重复品，同样的

养心殿区

一件碗可能会有上千件，就不可能也没必要全部展出。

加强故宫博物院的专业功能和社会职能还体现在很多方面。

在实现社会服务能力的提升方面。服务观众是博物馆的重要责任与使命。大量涌入的观众，对于故宫博物院的接待能力和质量是严峻的考验。作为公共文化设施，故宫博物院应该热情欢迎每一位到访的观众，既不能靠提高门票价格挡住普通民众参观，又要尽最大努力为所有观众提供优质服务。因此，需要进一步处理好文物保护和开放参观的关系，使故宫博物院成为能够享受精神文化的地方，让每一位观众都能切实感受到，参观故宫博物院是一种美好的经历，也是一种愉快的享受。为此需要吸收先进的管理经验和服务模式，实施首问负责、温馨提醒、咨询辅导、参观引导、提供资料、全天候讲解服务制度。

在实现文化传播功能的提升方面。近年来，故宫博物院在国际上的影响力逐渐增加，与英国的大英博物馆、法国的卢浮宫博物馆、美国的大都会博物馆、俄罗斯的艾尔米塔什博物馆等国际著名博物馆建立起长期稳定的合作关系，在文物保护、陈列展览、科学研究、人才培养等各个方面开展日益广泛的合作，确立了故宫博物院在国际博物馆领域的突出地位。故宫博物院与“台北故宫博物院”建立合作关系，达成两岸故宫合作的“八点共识”，不断推进全面深入合作与交流，并通过邮件、视频等方式沟通，确认进一步的具体交流计划。故宫博物院拥有全国博物馆唯一的出版社，近年来不断发挥这一优势，出版质量和出版数量不断提升，今后该出版社仍是故宫文化传播的重要平台。同时，故宫文化产品研发突出故宫特色，配合每一次陈列展览，研发拥有自主知识产权的系列文化产品，使更多的观众能够心满意足地将“故宫文化带回家”。

把故宫文化带回家

在实现科学管理水平的提升方面。应更加注重科学，更加注重效率。故宫无小事，我们必须极其谨慎小心地做好每一项工作，任何客观原因都不能作为懈怠的理由。上个星期，故宫博物院院长办公会原则通过了《故宫博物院规章制度汇编》(以后简称《汇编》)，目前正在抓紧修改、编辑、出版。《汇编》包括“综合管理”“安全管理”“人事管理”“古建与工程”“观众服务”“后勤服务”等11大类规章制度，例如“综合管理”类制度共有22项制度。在管理体制上，国家文物局正在进行有关博物馆法人治理结构等方面的课题研究，我们会按照国家的统一部署开展相应工作。在自身建设上，故宫博物院有完善的学术委员会、出版委员会、修缮工程专家咨询委员会、政府采购委员会等议事机构和配套程序，组成人员也是多样的，而且不限于故宫博物院内部。比如科研评奖委员会，既有在职的研究人员，也有退休的老专家，还有从社会机构聘请的权威专家、学者；又比如修缮工程专家咨询委员会，除了院内的专家外，还有吴良镛、罗哲文、谢辰生、宿白、黄景略、傅熹年等遗产保护领域的大师级专家。

在实现人才队伍建设的提升方面。应创造条件、建立平台、形成氛围，推动和促进中青年人才的成长，宣传故宫专家与故宫文化，加强科研成果的转化。故宫博物院在人才建设方面面临“门槛”，就是今后一段时间故宫博物院面临职工退休高峰期，一批长期在故宫博物院工作、具有丰富理论和实践经验的老职工将陆续进入退休年龄，这些人才是故宫博物院的宝贵财富，退休以后还将通过返聘等多种方式，继续让其为故宫博物院的发展服务。同时，我们也十分珍惜每年数十名新进入故宫博物院工作的员工的选拔、培养，他们是故宫的未来，他们对故宫文化的理解，他们的爱岗敬业精神，他们的职业道德操守，他们的科学文化水平，他们的服务社会理念等，都是故宫博物院实现可持续发展的关键。新鲜血液的不断进入，可以使故宫博物院的人才梯队更加合理。作为一项具体措施，本月故宫博物院将开展一次较大规模的培训，切实加强人才队伍建设。

当然，故宫博物院的工作还有很多需要提升的方面，在一些方面甚至面临严峻的挑战。从全国文物博物馆发展的整体形势分析，博物馆正在面临从“数量增长”走向“质量提升”的阶段。在不可移动文物保护方面，第三次全国文物普查之后，纳入保护范围的文化遗产资源的数量成倍增长。在博物馆建设方面，从2010年开始出现“每一天增加一座博物馆”的局面。国家对于公共文化设施建设有着更高的标准，广大民众也有着很多新的期待，在这样的形势下，每一座博物馆都存在“质量提升”的任务。故宫应该为此做出努力。

对于故宫博物院来说，在“质量提升”的诸多工作中，实现文物安全保卫水平的提升，应该永远放在首位。文物建筑、文物藏品、观众安全是最令人担心的头等大事。故宫是世界上规模最大的木结构古代建筑群，故宫的文物藏品具有极高的综合价值，故宫博物院又是接待观众任务最为繁重的博物馆，因此无论安防工作，还是消防工作，都存在复杂性和严峻性，保护任务极其繁重。防火、防盗、防踩踏、防突发事件，这些永远是我们头上的“紧箍咒”，必须警钟长鸣，对待文物要有“如履薄冰”之感，在安全管理上不能抱有任何侥幸心理。

事实上，目前故宫博物院的安防设施难以适应新的挑战。已有的安防设施大部分建成于20世纪70年代至90年代，已经远远落后于时代发展，与故宫博物院应具备的安全保卫能力极不相称。因此，已经提出的整改措施要逐一落实，正在实施的安防改造工程，要根据计划继续精心实施。目前的安防改造项目实施完成后，故宫的安防水平会有明显提高，但是安防水平的提升需要永不停滞地开展，要保持理念和技术手段不断更新。也就是说，在实施这一阶段安防改造工程的同时，要研究进一步升级完善的方案，要努力通过“物联网”等先进技术，提高安全保卫的科技含量，实现对文物建筑、文物藏品和观众安全的多种手段、多重保障、全面覆盖。故宫的安全设施和技术手段必须是世界上最先进的。不但需要一流的设施，更需要一流的管理。不但要加大资金投入，还要提高全体人员的素质，提升安全保卫等级，更新安全保卫理念。

在实现基础设施保障的提升方面。故宫的上水、下水、热力、电力、通信等基础设施和线路，由于使用年代较久，普遍存在老化现象，不仅影响正常使用，而且成为严重的安全隐患，需要统筹加以改善，但是故宫是重要的文化遗产，在故宫文物建筑区域进行任何工程都要格外慎重，不能对古建筑、古遗址和馆藏文物造成任何伤害。因此制定和实施基础设施改造方案时，必须把文物安全放在第一位，所有设备、材料、技术等都必须符合故宫文物保护的要求和特点。

在实现藏品保护环境的提升方面。故宫博物院的文物藏品类别多、级别高、价值大，其中相当多的珍贵文物藏品对于保管环境有特殊要求。但是，故宫的文物库房使用年代久，与近年来一些新建大型博物馆的文物库房相比存在差距。文物库房的文物柜具、陈列展厅的文物展柜，不能适应文物保管和陈列展览的实际需要，不能有效地密封防尘、防震防爆，需要系统地、分批次地更新。为了提升文物藏品保管环境，需要进行不懈的努力。我们将分轻重缓急，积极稳妥地加以解决。

在实现科学研究成果的提升方面。故宫具有雄厚的科研力量和人才资源，但近年来面临新老交替。对于新一代专业和学术人才来说，故宫具有感召力和吸引力，我们还将不断增加亲和力，使更多符合故宫事业发展需要的人才能够加入我们的队伍中，我们将积极为他们的成长和发展创造条件。伴随文物建筑修缮的展开、文物藏品保管编目的实施、文物科技保护的加强、文物陈列展览内容的丰富、文物文献资料出版的深入，各个业务部门在实际工作中不断加强课题意识、学科意识，科学研究成果必将不断涌现。

去年的一些事情使故宫博物院的声誉受到了损害，今后我们在工作中要付出加倍努力，加以弥补。进一步发扬故宫博物院的好传统、好作风，通过扎扎实实的工作，努力恢复故宫博物院的美好形象。今天，我们需要用实际行动来说话，用工作成效来证明，尽快修复受损的故宫博物院良好的社会形象。故宫是大家的故宫，故宫的管理不仅仅是故宫博物院全体职工的事情，还需要全社会的共同关心和支持。我们欢迎来自社会各界的监督，欢迎对故宫博物院工作的批评和指教，这些都有助于我们及时发现问题，提高管理水平，完成好国家和民众交给我们保护好故宫的历史使命。

事实上，舆论监督可以使我们更清醒，及时帮助我们发现和纠正工作中存在的问题。在这一点上我们会创造良好的条件，主动增强故宫工作的透明性、公开性，让社会更多地了解故宫，多一分了解，就多一分理解。要积极加强与媒体、公众的良性互动，虚心听取媒体和公众对故宫博物院工作的意见和建议，虚心接受公众对我们工作的批评，尊重民意、汇聚民智，将其作为改进工作、强化服务、提升水平、促进发展的重要动力。及时回应社会关切，要以真诚、及时、准确的信息发布赢得公众信任，赢得媒体支持。

故宫博物院正式实行周一全天闭馆活动

故宫博物院事业的发展，离不开社会各界和广大民众的积极支持和参与。宣传工作作为文化遗产事业的重要内容，必须不断创新理念和手段，加强与广大公众的沟通，问计于民，问需于民，将宣传工作贯穿到故宫博物院工作的各个环节。将故宫各个方面的工作进展及时、全面、真实地向社会公布、公开，满足公众的信息需求。继续加强故宫博物院官方网站建设，使之成为宣传展示故宫文化遗产保护、发布故宫博物院工作信息的主要窗口，成为与社会各界和广大公众交流沟通的主要平台。2011 年初，故宫官方微博开通，利用微博可以更好地与公众进行互动，向公众介绍馆内藏品、对外展览，为听众答疑解惑。近期还举办了为庆祝故宫微博开通一周年回馈博友系列活动，反响很好。

我感到故宫是一部百科全书，也是一个充满文化气息的地方，在这里有着学不完的知识和学问。“故宫学”更是博大精深，我必须拜各位同人为师，勤奋工作，尽快进入角色。多日来，我所接触的每一位“故宫人”，对于故宫的可持续发展都有着热盼和为之做出贡献的强烈愿望，对于故宫的未来发展都有着期待和信心。每当看到和听到这些，我都备受鼓舞，感到十分欣慰。作为一名“故宫人”，我感到无比光荣，充满骄傲，也深感责任重大。我决心和大家一起把故宫世界文化遗产保护好，把故宫博物院建设好。

弘扬“故宫人精神” 全面推进故宫博物院事业的发展①

（2012 年 5 月 10 日）

去年，我院组织开展了“弘扬故宫精神 强化责任意识”主题教育活动和一线岗位人员及处、科级干部培训等多项教育活动。今年 1 月 5 日，在故宫博物院报告厅召开了第六届四次职工代表大会，来自院 21 个基层工会的职工代表听取和审议了郑欣淼院长所做的工作报告，代表们一致认为工作报告内容全面，符合实际情况，故宫博物院领导班子团结一致，全院上下同心协力，化压力为动力，很好地完成了全年工作任务，经受住了各项考验。通过召开职工代表大会，重视提案工作，加强教育培训，组织工作竞赛，号召“争先创优、爱岗敬业”，形成民主风气，实现“故宫人精神”的提升和发展。

近三个月来，我在很多方面都切切实实地感到“故宫人精神”的存在和魅力。例如 1 月 12 日，我参加了“故宫博物院统战人士迎春团拜会”，感到我院的统战人士是故宫事业发展的重要力量。他们具有协调关系、化解矛盾、凝聚人心、汇聚力量的优势，他们广泛调查研究，积极建言献策，反映院情民意，创造和谐环境，反映出故宫博物院特有的“故宫人精神”。1 月 13 日，我们在这里举办“故宫博物院职工迎新春联欢会”，观看了职工们的精湛表演，不但形式

① 此文发表于《故宫人》，2012-05-10（4）。

新颖、内容健康、演技高超，而且还表现出积极向上的“故宫人精神”。会上还介绍了杨大年同志助人为乐的先进事迹，给我留下了深刻印象，也体现出朴素的“故宫人精神”。2 月 22 日，我们在这里听了梁金生老师讲文物藏品管理规定，他说的一句话给我很深的印象，他说，经过长期积累，才形成故宫博物院的规章制度，这些规矩都是从实践中来的。“我们个人的成长，包括专家，都与故宫文化有关，都长期接受过故宫文化的养育和熏陶。应该说没有故宫博物院的藏品，就没有我们每位专家业务上的精进和水平，因此必须要有报恩的思想，用自己的知识回报抚育自己的单位，更要热爱文物藏品，用自己的知识回报社会。”我想这也是朴素的“故宫人”所拥有的“故宫人精神”。

故宫博物院第四届青年文化节话剧《海棠依旧》

2012 年 2 月 23 日，百岁老人徐邦达先生永远离开了我们，离开了他奉献一生的故宫博物院书画事业。人们回忆徐邦达先生一生经历了三次紧要关头。一是在抗日战争期间，他在上海拒绝为汪精卫 60 岁作画献寿，而周围的有些人纷纷趋炎附势并劝告徐邦达先生效仿，先生当时痛斥道:“他是个汉奸，我凭什么为他作画！”二是在解放战争期间，1949 年初，他的好友要移居美国，劝徐邦达先生同行，他婉言谢绝，此时他正在等待着中华人民共和国的成立。三是“文革”期间，徐邦达先生饱受摧残，以瘦弱之躯被下放“五七干校”，跟大家一起参加生产劳动，还要继续接受批斗。但是他坚信未来的国家必定是要发展文化的。他凭借记忆对多年来积累的古书画鉴定经验进行了科学的总结，在“牛棚”里写下了《古书画鉴定概论》一书的初稿。我想这也是朴素的“故宫人”所拥有的“故宫人精神”。

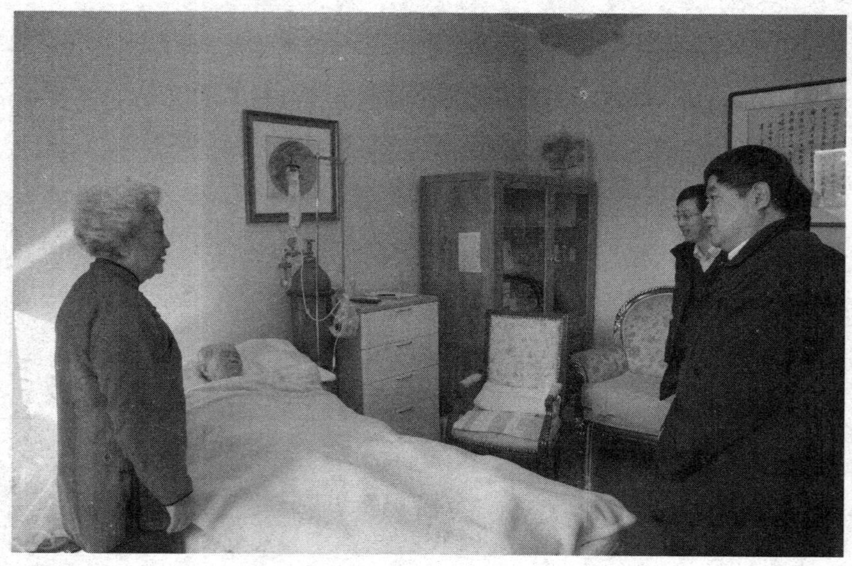

看望徐邦达先生

此时此刻，我想起了另一位故宫老人，就是单士元副院长。从 1924 年 12 月故宫博物院即将正式成立，单士元先生就一直在故宫工作，是故宫从皇宫演变为博物院的见证人。到1998年5月25日去世，单士元先生在故宫工作长达74个春秋，被誉为看护国宝的“国宝”。最近我又重新阅读了单士元先生的《我在故宫七十年》一书，特别是其中《从封建王朝的皇宫到人民大众的博物院》一文，感人至深。单士元先生严守职业操守，堪称遵守《中国文物博物馆工作人员职业道德规范》的楷模。虽然天天与文物打交道，但是自律极严，从不收藏文物，也从不为文物的买卖充当掮客。单士元先生爱“捡破烂”。凡是跟紫禁城沾边的东西，不管是残砖断瓦、旧门钉、锈铺首，或是一件木雕花、半个琉璃小兽，也不管是扫进垃圾堆的，还是拆房子拆下来的，他都当宝贝似的交到古建部资料室，叮嘱说：“当文物留着，别当破烂！”这种把故宫一草一木、一砖一瓦都视作故宫完整性不可分割一部分的意识，值得所有文物工作者学习。单士元先生一身正气，两袖清风，赢得了人们的尊重和敬仰。在生活上，他一生清廉，然而在精神上，他充实富有，因为他心里装着故宫和它代表的中华民族文化遗产。我想这就是朴素的“故宫人”所拥有的“故宫人精神”。

进入新的世纪，“故宫人精神”得到了进一步的培育、凝练和弘扬。最近，我不断向媒体朋友们讲，在过去10年里，在郑欣淼院长和院领导班子的带领下，在全体职工的努力下，故宫博物院走过了历史上最为辉煌的历程，开展了很多史无前例的基础性工作，对故宫博物院的可持续发展将产生深远的影响。例如2004年以来开展的大规模藏品清理工作，使故宫的馆藏文物数量从100万件增加到180余万件，每一件实物和目录准确对应，7年间故宫博物院的全体专业人员全神贯注、平心静气，这是故宫博物院第一次向国家、向社会交上一份翔实、准确的文物账目，这些工作史无前例，多么了不起！例如2003年以来开展的大规模文物建筑修缮工作，从午门到神武门，包括太和殿在内，这是在坚持每天正常开放、每年接待上千万观众的情况下所进行的全面修缮，这些工作史无前例，多么了不起！例如过去几十年故宫的用地、房屋不断被外单位占用，但是近年来，不但外单位逐渐撤出，而且开始收复历史上长期被占用的古建筑群，包括内务府御史衙门、大高玄殿、端门和朝房，这些工作史无前例，多么了不起！过去故宫在世界上知名度很大，但是故宫博物院的知名度并不很大，但是从2005年，故宫博物院开始大踏步地走向世界，与世界上最著名的一些博物馆建立起了长期的战略合作关系，在众多领域开展合作，一系列具有重大影响的展览在故宫博物院展出，这些工作史无前例，多么了不起！这里面有着“故宫人”多少“苦”与“乐”，体现出多么可贵的“故宫人精神”！

我想，过去10年间故宫博物院所做过的史无前例的了不起的工作还有很多，这些成绩的取得，大大增强了我院全体职工的凝聚力和集体荣誉感，形成了团结合作、奋发向上的工作氛围。这种严谨认真、甘于奉献的精神正是“故宫人精神”在具体工作中的生动体现，没有兢兢业业的敬业精神，没有对故宫的深厚感情，没有强烈的主人翁意识，就不可能圆满地完成这些艰巨的任务。“故宫人精神”不仅是故宫人精神品格的体现，更能引领故宫人团结奋进，进一步提高故宫对内的凝聚力和对外的影响力。因此可以说“故宫人精神”是故宫博物院最宝贵的精神财富。

的确，去年发生了一些令人遗憾的事情，使故宫博物院的声誉受到了一些损害。但是功是功，过是过，好的传统我们要继承，历史的教训我们要记取，以激励我们在今后的工作中付出加倍努力。我们的“故宫人精神”不但包括坚忍不拔、锲而不舍、默默无闻、无私奉献的文化自觉，也包括闻过则喜、善于纳言、有则改之、无则加勉的文化自信。今天，我们需要用实际行动来说话，用工作成效来证明，“故宫人”最爱故宫，故宫的声誉是国家的声誉，就像“故宫人”的生命一样重要，故宫博物院一定会赢得良好的社会形象，我们有信心。

我想“故宫人精神”的重要组成部分，是精诚团结、和衷共济。团结出凝聚力，团结出战斗力，家和万事兴。把故宫保护好、把故宫文化传承好是全体“故宫人”的共同心愿。在座的各位同事，无论具体负责什么工作，都是故宫发展事业的重要组成部分。共同的事业、共同的追求、共同的责任使我们走到一起，这既是工作的需要，又是难得的缘分。我们要倍加珍视团结、精心维护团结、自觉加强团结，做到党性第一，个性服从党性；事业第一，一切从事业出发，一切从大局着眼，不断营造目标同向、行动同步、事业同干、团结和谐、干事创业的浓厚氛围，共同推动故宫博物院事业前进。

我们的党员干部要带头弘扬“故宫人精神”，充分发挥先锋模范作用。今年 2 月 17 日，我在月通报会讲过：故宫博物院是永远的事业，每一代人都只是历史中的一瞬间。但是，每一代人都要对历史负责，都应对故宫博物院的发展做出应有的贡献。我们的党员干部要站位更高，奋发有为、干在实处、走在前列，要树立一流标准。建设一流的博物馆，必须有一流的规划、一流的建设、一流的管理。要大胆设想、严谨求证、积极推动，敢于和善于用一流标准来规划故宫博物院建设与发展，谋划重大项目，推进事业发展。要奋力攻坚克难。故宫既是世界文化遗产，又是世界著名博物馆，两个文化身份集于一身，经常面对困难、经常面对矛盾、经常面对挑战将是我们工作的常态。沧海横流方显英雄本色，越是在遇到困难的时候，越能锻炼人，共产党员的精气神就是要体现在这些地方。一代人有一代人的责任，我们赶上了黄金机遇期和矛盾凸显期并存的时代，就一定要有克难奋进、迎难而上的思想准备。

故宫从历史中走来，还要健康地走向未来[①]

（2012年5月15日）

今天，我想用一点时间谈谈故宫，作为故宫博物院院长，宣传故宫文化是应尽的职责。

今天，昔日的紫禁城有两个名字，一个叫故宫，另一个叫故宫博物院。故宫古建筑群再过8年，将迎来建成600周年，而故宫博物院再过3年将迎来90岁生日。故宫今天有很多文化身份，例如国务院公布的第一批全国重点文物保护单位、联合国公布的中国第一批世界文化遗产、旅游部门公布的五A景区、文物部门公布的一级博物馆。

故宫古建筑群有自己独特的美，例如壮美的建筑、严谨的形制、绚丽的彩绘、生动的空间、精美的装饰、独特的色彩、和谐的环境、典雅的园林，这些构成故宫整体的美。同时故宫古建筑群对北京历史城区的空间形态影响也很大，一些欧洲城市的历史城区中心曾经高耸着城堡，四周蔓延开来低矮的居住建筑。工业化以来的新兴城市，中心地带往往是高耸的商务建筑，四周是居住区。而古都北京中间地带则平缓开阔，就是因为有故宫的存在。故宫还是北京旧城从永定门到鼓楼7.8公里中轴线的重要组成部分。我刚才曾经说罗马、维也纳、布达佩斯等欧洲历史文化名城耸立于城市天际

① 此文为2012年5月15日在中国社会科学院研究生院“社科大师大讲堂”的报告。

线之上的一定是公共建筑。北京历史城区也因为有故宫和景山、北海等古建筑物群的存在，在皇城的核心地段构成美丽的天际线、街道对景、通视走廊。故宫古建筑群自身也成为壮美的文化景观。

今天我们面临巨大的压力，首先来自于不断增长的观众。1949年故宫博物院的观众数量是100万，2002年故宫博物院的观众数量是700万，当年卢浮宫的观众数量是800万，比故宫博物院观众多，9年以后的2011年，故宫博物院的观众数量增长为1400万，9年间整整增长了一倍，成为世界上唯一一座观众数量超过1000万的博物馆。而2011年卢浮宫的观众数量为890万，它们比我们的日子好过。同时故宫博物院的观众数量不是每天4万人的平均分布，而是有明显的淡季和旺季。冬季观众数量较少，夏天则呈现爆发性的增长。特别是每年旺季有“两针一峰”。一峰是指暑期从7月中旬到8月下旬40天左右的高峰时段，每天观众数量达8万以上，而“两针”分别是指“五一”和“十一”期间，每年的10月2日都是那根“针头”。去年10月2日观众数量超过了14万人。

有张照片反映的是去年国庆节期间，故宫博物院售票处前观众购票时的拥挤状况，排队需要1个小时左右，观众还没有进故宫博物院就已经筋疲力尽了。人们进入故宫以后，大多数观众都沿着中轴线往前走，先看皇帝曾经坐在什么地方，再看皇帝曾经睡在什么地方，最后看御花园，一直走到故宫博物院的出口，才发现还有很多展览没有看。故宫博物院每年要承担很多接待任务，例如2011年共接待来宾800批次，50000多人次，其中包括一些国家元首、政府首脑、外交使节、社会名流等。刚到故宫博物院工作时我很担心每天应付接待任务会影响正常工作，实际上，没有特别要求就不用陪同。

慈宁宫花园

故宫作为旅游目的地非常有名，但是故宫博物院在世界上没有故宫那么有名。不少人去过“台北故宫博物院”后感到那里的文物藏品丰富，陈列展览多样。实际上，北京故宫博物院的文物藏品更加丰富，陈列展览更加多样，每年展出40余个展览，既有重要宫殿的原状陈列，也有珍宝、钟表、瓷器、书画等常设展览，还有根据故宫博物院研究人员的研究成果推出的主题鲜明、思想性强的专题展览，例如“明永乐宣德文物特展”“故宫文物南迁史料展”等，这些展览共展示了近万件文物藏品。观众进入“台北故宫博物院”，首先看到的就是引人注目的陈列展览和文物展品，而人们进入北京故宫博物院后，往往首先被壮美的古建筑群所吸引，被古建筑内的原状陈列所吸引，因此对于分散在东路和西路的众多陈列展览则不大注意，错过参观的机会，或者因为参观宫殿建筑群就已经十分疲劳了，因此没有精力再看展览。这些需要加强宣传和引导，使观众有更加清晰和自主的选择。

今天中国社会科学院研究生院领导提到了故宫博物院的郑欣淼院长，我认为郑欣淼院长主持故宫博物院工作的十年，是故宫博物院各项事业发展最好的十年。首先制订了科学的发展规划和五年的发展计划，在文物建筑修缮、文物藏品清理、驻院外单位清退、促进国际文化交流等方面均取得了重要进展。应该说，我们今天开展的每一项工作，都是在故宫博物院发展规划和五年发展计划的指导下进行的。

自 2004 年开始，持续 7 年的大规模藏品清理工作于 2010 年年底完成，这是故宫博物院自建院以来，在文物藏品数量上第一个全面而科学的数字。故宫博物院在文物藏品清理前，对外公布的文物藏品总数是近 100 万件，经过全面系统的普查整理以后，文物藏品实物、账和卡一一对应，准确到个位，即故宫博物院的文物藏品总数是 1807558 件，有整有零。其中珍贵文物 1684490 件、一般文物 115491 件、标本 7577 件。

故宫博物院的文物藏品不但数量多，更重要的是价值高。这里有两个概念，第一个概念是，国家收藏的文物藏品分为“珍贵文物”“一般文物”和“资料”，几乎所有博物馆的文物藏品结构都是“金字塔形”，也就是顶尖上是少量的“珍贵文物”，塔身是大量的“一般文物”，塔的底部是一定数量待进一步研究的“资料”，但是，故宫博物院的文物藏品结构是“倒金字塔形”，其中“珍贵文物”占 93.2%，“一般文物”占 6.4%，“资料”占 0.4%；第二个概念是，全国博物馆和文物收藏单位共有国家定级的珍贵文物 401 余万件，其中由故宫博物院收藏保管 168 余万件，占全国珍贵文物的 41.9%，可见，故宫博物院承担着保护国家珍贵文物的重要职责。

目前，故宫博物院的文物藏品分为25大类。一是故宫博物院有绘画5.3万件、法书7.5万件、碑帖2.8万件，以上三项总计15.6万件，是故宫博物院珍贵的纸质文物。一般一座博物馆举办一期有影响力的古代书画展览，往往需要几座博物馆联合举办，而故宫博物院过去三年，在武英殿书画馆连续举办了九期书画展览，做到了展品没有重复，而且每一期都可以独立构成一部简明的中国古代书画史。二是故宫博物院有铜器16万件、金银器1.2万件、漆器1.9万件、珐琅器0.7万件、玉石器3.2万件、陶瓷36.7万、文具6.8万件、珍宝0.1万件，这些文物绝大部分是宫廷旧藏，具有很高的历史艺术价值。三是故宫博物院有织绣18.1万件、生活用具4万件、武备仪仗3.3万件、帝后玺册0.5万件、古籍文献60.3万件、古建藏品0.5万件，这些文物藏品是故宫博物院特有的藏品类别，体现出故宫博物院的藏品特色。四是故宫博物院有其他工艺1.4万件、钟表仪器0.3万件、外国文物0.2万件，这些文物很多来自于外国，由于我国没有侵略、掠夺别国的历史，因此在我国的博物馆藏品中，外国文物的数量很少，相比之下，故宫博物院的外国文物收藏十分珍贵。例如故宫博物院共收藏有来自外国的钟表2200余件，不少来自于英国、法国、德国等欧洲国家，但是今天这些国家博物馆收藏的西洋钟，都没有故宫博物院收藏的西洋钟数量多、价值高。五是故宫博物院有雕塑1万件、雕刻工艺1.1万件、宗教文物4.2万件、铭刻3.3万件、其他文物0.4万件，这些文物具有重要的学术研究价值。

这一轮故宫古建筑群的修缮从2003年开始，当时武英殿由国家文物局的文物交流中心作为办公用房使用，修缮以后作为故宫博物院的书画馆，从此开始了故宫古建筑群的整体修缮。故宫古建筑群的整体修缮是在坚持每天都开放的情况下开展的，因此十分不容易。

故宫博物院在这一轮古建筑群修缮之前，开放面积30%左右，经过近10年的整体修缮，目前开放的面积达到45%左右，再过9年此轮古建筑群整体修缮之后，故宫博物院的开放面积将达到76%。目前故宫古建筑群修缮工作已经进入常态化阶段，坚持“先救命后治病”的原则，优先设计修缮存在严重危险隐患的、能够更好发挥社会功能的文物建筑。对于古建筑群不但要注重大修，更要注重文物建筑的岁修，注重日常的保养和维护，使其既有沧桑感，又保持良好的健康状态。

近年来故宫博物院的管理范围有了扩展，一是午门前面的端门，午门与端门之间的广场；二是紫禁城北侧，北海和景山之间的道教古建筑群大高玄殿，在军队部门使用了60多年之后交还给了故宫博物院，目前正在进行修缮。三是大高玄殿北侧的御史衙门，已经完成了修缮。由于这些空间在紫禁城之外，因此可以丰富和完善故宫博物院的文化功能，例如今后每天下午5点半故宫博物院闭馆之后，这些地点仍然可以作为数字博物馆、故宫讲坛等对社会开放。

从2005年开始，故宫博物院开始以更加开放的姿态走向世界，先后与大英博物馆、卢浮宫博物馆、大都会博物馆等国际著名的博物馆建立起战略合作关系。目前在欧美语境下，经常说世界上有四大博物馆，分别是英国的大英博物馆、法国的卢浮宫博物馆、美国的大都会博物馆、俄国的艾尔米塔什博物馆。我认为应该说世界上有五大博物馆。联合国有五大常任理事国，除了英、法、美、俄，还有中国。相比起来故宫博物院毫不逊色。目前，故宫博物院的展览越来越多地走向世界各地，引起一次次文化轰动，有力地配合了文化外交大局。2009年，故宫博物院和台北故宫博物院实现了两岸院长互访，达成了八点共识。今天在故宫博物院的会议室就可以和

“台北故宫博物院”召开电视电话会议，共同研究在文物展览、学术交流和文化活动等方面的合作。

俄罗斯圣彼得堡艾尔米塔什博物馆

故宫博物院正在组织编制《故宫保护总体规划》，在大纲的基础上，争取用两年的时间，在明年年底完成，目的是要使故宫博物院的每一寸土地、每一间房屋都能得到科学的功能定位，更好地保护文化遗产，最大限度地为社会公众服务。规划中将明确把故宫红墙内的所有行政办公和科研单位全都搬出去，一方面有效扩大对观众的开放范围，另一方面使红墙内的空间更加安全。为了实现这一目标，计划在故宫红墙以外、紫禁城城墙以里的西河沿，恢复一组历史建筑，建设文物保护科学技术用房，这一项目已经得到国家文物局审批，并报联合国教科文组织备案，待完善施工手续后即可开工。

去年年底，两位90岁左右的文物专家为故宫世界文化遗产监测中心揭牌，昨天夜里其中一位老人罗哲文先生永远离开了我们。目前故宫博物院已经建立了“故宫世界文化遗产监测信息化平台”，开始对故宫世界文化遗产实现有效全面的监测。故宫世界文化遗产监测内容包括文物建筑、室外陈设、植物动物、环境质量、游客动态、安全防范、基础设施、馆藏文物、非古建筑、监测保障等方面，涵盖故宫世界文化遗产保护的方方面面。

故宫博物院拥有世界博物馆领域观众数量最庞大、结构最复杂的观众群体。通过调整展览布局，合理扩大开放空间；通过提高服务水平，改善服务设施，有序疏导人流；通过增大接待观众能力，降低单位面积人流，减少拥堵风险。同时，通过与有关部门通力合作，改善故宫周边环境，优化参观路线，提高参观质量。过去故宫博物院售票窗口设在午门前广场，每当高峰时段，售票窗口前拥挤不堪。如今端门广场已经交由故宫博物院进行管理，过去端门广场上都是小商小贩售卖食品、旅游纪念品的摊位，广场西侧的房屋当时举办了一些品质不高的展览，现在都进行了清理，整个广场用于服务观众。新设立30个售票窗口，一字排开，观众就不用再排长队购票。今后的目标是希望观众在15分钟之内能够购买到门票。同时，设立观众服务中心，为观众提供咨询，为老人和残疾人提供免费的轮椅，同时为观众提供饮水、手机充电、免费参观地图等服务内容。待端门广场实现服务观众的功能之后，午门广场就可以更好地实现存包、安检、验票等各项服务功能。

故宫博物院的环境将进一步得到清理和整治。例如故宫博物院的东部目前有七栋花房，这些花房既影响故宫古建筑群的景观环境，又由于城市热岛效应加剧，影响花卉植物的生长。因此准备将七栋花房全部搬迁到故宫博物院的西玉河基地。西玉河基地曾是紫禁城的琉璃窑厂，目前已建成8000平方米的仓库和管理用房，还有5万平方米左右的绿色空间。可以将堆积在故宫博物院内的大量木材、砖瓦、石材等搬到西玉河基地，并争取经过持续的努力，将故宫博物院内历年陆续加建的现代建筑、“彩钢房”等进行清理，以净化故宫博物院的环境。

同时，希望在故宫博物院的午门区域建设“金三角”展览区，努力使博物馆的功能更加强大。目前午门城楼内部是800平方米的现代化展厅，经过2004年以来的使用，取得很好的效果。午门两侧的雁翅楼共2000平方米，过去存放“文留文物”藏品，现在这些文物藏品已经移交给国家博物馆，使雁翅楼也可以得到更加合理的保护利用。加上午门城楼就可以形成2800平方米的大型展厅，在午门的城台之上，在文物建筑外观不做任何改动的前提下，形成世界上独一无二的具有中国文化特色的高空展厅，在展厅内可以举办来自世界各地的高水平展览。同时，午门展厅加上东侧的文华殿、西侧的武英殿，构成一个被称作“金三角”的展览区域，人们进入午门，还没有跨过内金水河、进入太和门，参观故宫古建筑群之前，就可以首先感受到一个博物馆群的存在。

同时，我们正在推动故宫博物院数字博物馆的建设，故宫博物院的“数字故宫”建设已经有多年实践，包括制作了一系列令人震撼的虚拟现实数字作品。但是遗憾的是，由于缺少开放场地，目前这些优秀的数字作品尚未与广大观众见面，只能内部观摩。另一方面，虽然故宫古建筑群整体修缮正在有序推进，越来越多的文物建筑可以迎接观众参观，但是有很多古建筑和院落即使完成修缮，也不能正常对外开放，因为大量观众的涌入，会对文物建筑，特别是室内原状密集陈列的文物展品造成损坏。例如三希堂非常有名，昔日乾隆皇帝曾经在这里御览了无数的著名书画藏品，但是实际上三希堂室内面积只有 4.8 平方米，还没有我们家里的书房大，可想而知，如果进去几位观众就会十分拥挤，难免会对文物建筑和文物展品造成灾难性的伤害，因此不可能像其他一些古建筑一样对外开放。但是目前越来越多的文物建筑制作了数字展示作品，人们通过虚拟现实剧院，可以点击进入任何一座古建筑，观赏任何一件珍贵文物。

故宫博物院的对外文物展览很受社会各界欢迎。例如今年故宫博物院的文物展览到了安徽、新疆等省和自治区，到了香港、澳门地区，到了日本、德国等国家。这些展览更加突出学术性与艺术性的结合，展现出故宫博物院的应有气派和特色。例如正在日本举办的"地上的天宫"展览非常受欢迎，观众已经将近 100 万人次，并且一定会突破 100 万人次，这是中国展览在日本参观人数的最高纪录。

故宫博物院有一个功能十分强大的网站，平均日点击数在 100 万次以上。故宫博物院的展览经常送到社区、学校、厂矿为基层民众展出，"永远的故宫"系列讲座在高等院校持续举办，深受师生们的欢迎。故宫博物院与中央电视台等媒体进行很好的合作，十二集大型纪录片《故宫》是国外电视台购买最多的一部中国影视作品，现在正在热播的《故宫 100》也获得很高的收视率。故宫博物院与首都国际机场合作，在出境候机大厅建设了"文化国门——故宫印象"，由于安全检查等方面的原因，首都国际机场一般不引入其他单位进入机场，但是首都国际机场要建设"文化国门"，故宫博物院要给人们更多的"故宫印象"，所以此次一拍即合，于是故宫博物院成为首家进入首都国际机场的文化单位。故宫出版社是全国博物馆拥有的唯一出版社，因此应注重发挥这方面的优势，同时通过故宫博物院院刊、紫禁城期刊，还有故宫博物院年鉴等来传播故宫文化。故宫博物院努力加强文化产品的研发，目前已有 3800 多种自己研发的文化产品。我们希望能够做到，故宫商店里售卖的每一件文化产品都是利用从故宫的文物藏品中挖掘出来的文化信息制作的文化产品，都带有故宫的文化特色，而不应售卖其他地方生产、与故宫文化毫无关系的商品。这样才能使更多的观众喜欢故宫的文化产品，乐于把故宫文化带回家，并把它们融入现实生活中。

总之，故宫既是北京的，也是中国的，还是世界的。故宫既是过去的，也是今天的，还是未来的。它从历史中走来，还要健康地走向未来。保护好故宫，建设好故宫博物院，责任重大而艰巨。

关于广义博物馆的理论与实践[1]

（2012 年 6 月 19 日）

引言

近年来，随着经济社会的发展，公众的文化需求呈现出多样化、多层次状态。博物馆开始将更多的目光投向全体民众的基本文化权益和文化需求，不断创新博物馆文化的展现方式，提高博物馆文化的服务能力，不仅将文化遗产领域所有的信息都纳入博物馆文化之中，博物馆本身也成为城市文化活动的核心。

近年来，博物馆的结构已经日趋复杂和多元化，不仅反映城市的文化形象，而且表达城市的文化精髓。这表明，博物馆事业的领域不仅在博物馆馆舍之内和人工制品之间，而且涵盖整个城市的生活领域，包括作为整体的文化遗产。这一变化，对于博物馆的收藏、研究和展示的各个方面，都具有重要的影响。

近年来，人们认识到，博物馆不仅具有收藏、研究和展示功能，而且已经成为多元化、多功能的文化设施。博物馆存在的前提是文物藏品，而在这些文化资源中蕴藏着丰富的人类精神。博物馆的触角开始深入社会生活的各个领域、各个行业、各个阶层，大大超出以往所承担的责任与义务，参与到城市文化发展的进程之中。

近年来，博物馆的核心价值已经从保护文物藏品到保护文化遗

① 此文为 2012 年 6 月 19 日在亚洲协会香港中心的学术报告。

广东中山市孙中山纪念馆

产，再到服务社会，进而到参与推动社会变革的神圣责任。这是新时期博物馆事业发展的理性决策，是实现博物馆使命具有永久意义的真理原则，更是对博物馆要成为“一个在保护世界文化遗产和自然遗产方面令人尊敬的声音”的卓有成效的履行。

近年来，博物馆功能已经从满足广大民众日益增长的文化需求，发展到保障广大民众的基本文化权益，再拓展到广大民众共享文化发展成果。这是“以人为本”理念在博物馆领域的体现。博物馆不再只是文物的积累、藏品的仓储、历史的收藏、静态的展示，而是成为人们艺术、道德、观念和行为的健康反应。

近年来，我国博物馆界与国际博物馆大家庭的联系日益广泛，国际经验为我国博物馆事业发展不断开拓思路。通过分析我国社会历史的沿革、发展的阶段、制度的特点、文化的传统、民众的需求，再结合我国文化遗产资源的特点加以选择吸收，寻找更加适合我国国情、具有中国特色的博物馆事业发展之路。

近年来，我国博物馆群体通过自身的不断完善，努力实现多样化的社会角色，使博物馆成为城市文化进步的积极力量，成为加强社会教育的积极力量，成为改善民生的积极力量，成为促进社会发展的积极力量。这些目标的实现，既是博物馆核心价值与社会责任的体现，也是新时期博物馆功能与职能的完善。

近年来，我国博物馆的法规体系不断完善，体制改革不断推进，资金投入不断增加，人才队伍不断会聚，为博物馆事业的现实发展不断增添活力，为博物馆事业的未来发展不断拓展空间。这些都表明，博物馆功能正在延伸，博物馆价值正在提升，博物馆事业正在壮大，博物馆事业应该踏上新的台阶，加速科学化发展进程。

法国卢浮宫博物馆

近年来，我国博物馆事业取得了举世瞩目的辉煌成就。但是，广大民众对博物馆社会性和公共性的要求更加突出，反映出博物馆在数量不断增长的同时，在质量提升方面重视不够；在馆舍不断完善的同时，在融入社会方面重视不够。由此可以看出，及时调整发展思路，实现从“数量增长”走向“质量提升”、从“馆舍天地”走向“大千世界”的紧迫性。

一、从“数量增长”走向“质量提升”

当前，我国迎来了博物馆建设新的高潮，全国各地区、各部门、各行业相继新建、扩建和改建博物馆。无论从博物馆的数量增长、发展速度，还是建设规模，都达到前所未有的程度。我国博物馆规模快速扩张的时期，也是规范行业管理、提升运行质量、明确行业方向、拓展发展空间的关键时期。

博物馆馆舍建设质量的提升：博物馆建筑不是普通的楼宇，而是传承文明、延续历史、沟通文化的精神圣地。博物馆馆舍建筑应以自信的心态，表达出对传统文化和地域文化的理解，以更加丰富的文化内涵，成为社会民众分享群体记忆、联通历史与未来的公共空间。为了达成这一目标，需要博物馆人全程参与馆舍建设工程。

博物馆藏品保护环境的提升：博物馆承担着延续所保管文物藏品寿命的天然职责，提升藏品保护环境、确保藏品安全是博物馆的义务。应强化预防性保护理念，开展馆藏文物环境控制、藏品病害检测分析、保护修复技术的研究，全面实施藏品保存环境达标建设。同时，提升博物馆安防技防水平，遏制文物犯罪案件发生。

博物馆科学研究成果的提升：围绕博物馆藏品、展览及其社会服务开展的一系列科学研究，是博物馆赖以发挥各项功能的基本前提。应搭建开放的高水平研究平台，推进博物馆学理论研究和博物馆应用技术研究，加快研究成果的应用转化，以科学技术创新推动博物馆的管理创新和工作创新，提高博物馆的文化传播能力。

博物馆陈列展览内涵的提升：博物馆通过陈列展览述说历史、书写记忆，进而履行自己的历史使命。陈列展览应提倡精品意识，适时进行调整，不断提升陈列展览的科学与艺术内涵，增强陈列展览的专业性、知识性、趣味性、观赏性和吸引力、感染力，是满足鉴赏力、欣赏标准都在不断快速变化的现代观众群体的有效手段。

博物馆社会服务理念的提升：观众在博物馆享受到的服务水平，直接影响其参观体验，影响博物馆办馆宗旨的实现。参观感受的愉悦不仅取决于陈列展览本身，更多来源于服务内容的充实。博物馆应立足自身使命和功能定位，在实现办馆宗旨职能的同时，坚持以人为本，提升服务理念，强化服务意识，拓展服务空间。

博物馆文化传播功能的提升：博物馆是文化资源的高地、社会教育的课堂和展示文明的窗口。需要深入研究博物馆文化资源特征，探索文化传播的规律，运用各种手段和场合，拓展博物馆的传播功能。同时，发挥博物馆文明对话平台的作用，推进文物展览交流，引进世界文明展览，共享人类优秀文化成果。

博物馆市场营销效果的提升：博物馆开展市场营销的前提是确保安全、公众受益、反哺事业。博物馆市场营销的核心是建立在藏品、展览之上的文化创意，重点是持久而广泛地构建观众的互动体验。博物馆文化产品研发要注重突出个性，使之成为博物馆文化的最佳代言，拓展和延伸文化传播功能，实现观众“把博物馆文化带回家”的愿望。

博物馆科学管理水平的提升：博物馆事业的可持续发展，既需要良好的外部环境，更需要规范的内部管理机制。当前，亟须健全权责明确的博物馆管理体制，探索适应不同类型博物馆的办馆模式；

完善科学高效的博物馆法人治理结构，实现博物馆管理的法制化、规范化，使博物馆职业道德建设、综合评价体系、社会投入机制等方面得到全面提升。

博物馆大家庭的多样化发展：当前，我国以国家级博物馆为龙头、省级博物馆和重点行业博物馆为骨干，国有博物馆为主体、民办博物馆为补充，类别多样化、举办主体多元化的博物馆体系初步形成。人类文明体现在社会经济生活的各个方面，而博物馆类型的单一将导致展示人类文明成果的局限性。因此，必须建立多元化的博物馆体系。

陕西大唐西市博物馆

二、从“馆舍天地”走向“大千世界”

博物馆是城市文化进步的积极力量：博物馆留给人们的不仅仅是历史的记忆，还蕴含着人们对未来的理想，人们感受到的不仅是视觉上的愉悦和知识上的满足，更多的应该是精神上的归属和心灵上的净化。为此，博物馆应更加自觉地关心城市文化的进步，注重自身业务活动与人居环境改善的内在联系，以促进社会变革和发展为己任。

博物馆是加强社会教育的积极力量：博物馆展现着人类整体文明与智慧。博物馆纳入国民教育体系，符合世界博物馆的发展潮流，也是建设学习型社会，形成终身教育体系的必然要求。为此，应发挥博物馆教育资源的独特优势，推动博物馆与学校教育、社会教育紧密结合，组成更加健全的社会教育网络，普及科学文化知识，提高全民文明素质。

博物馆是改善民众生活的积极力量：公平正义是实现社会和谐的重要基础，而保证社会成员共享人文关怀和文化成果，解决各类困难民众、弱势群体的文化生活贫困问题，应该成为博物馆不懈的文化追求。为此，博物馆应促进社会成员、社会群体之间的友好交往与和谐相处，重视消除文化贫困，维护文化公平，努力保障广大民众的基本文化权益。

博物馆是促进社会发展的积极力量：博物馆的诞生与发展根植于社会，对博物馆本质的研究必须与社会公众互动。公众参与是促进博物馆事业发展的有效途径和工具。博物馆所涉及的知识、意识、技能、情感等都属于社会公众参与的内容。博物馆服务社会的理念，将逐步拉近博物馆与民众的距离，将有效改善博物馆的公众形象。

实现保护性再利用的旧址博物馆：建筑是人类文化的重要载体，自从有了建筑活动，建筑就与文化结下了不解之缘。旧址博物馆一般是指利用历史建筑的特殊空间，展示社会发展、事件发生、人物活动历史瞬间的博物馆。旧址博物馆的旧址本身就是博物馆展示的主体，对其文化内涵加以挖掘，对其文化特色合理利用，是旧址博物馆成功的关键。

实现考古信息展示的遗址博物馆：遗址博物馆不仅是考古学扩大公众影响的窗口，也是考古学服务公众的途径。对于考古遗址的诠释与展示，应该是考古学家和博物馆学者之间有意义合作的结果。遗址博物馆应成为专业人士和社会公众共同的乐园，把社会公众对历史奥秘的好奇看作一种文化寻根的愿望，是遗址博物馆发展的积极动力和坚实基础。

实现原生环境保护的生态博物馆：生态博物馆的理念在深化过程中，不断创造新的实践，不断拓展新的理论。生态博物馆的思想必须本土化才能生根，而不应该试图将其标准化和形式化。因此，生态博物馆应该突破原有的实践范围，根据各地的特点，具有丰富多彩的形式，从更广泛的领域选择有代表性的不同要素，作为实践的延伸与拓展。

实现社会和谐发展的社区博物馆：社区博物馆为当地居民提供学习与合作的机会，培养能够对社区文化负责任的新一代居民，以实际行动回答人们的现实问题，使社区民众生活在一个和谐、宁静、优美、舒适、方便的社会环境中。社区博物馆将文化活动整合于社区生活之中，并通过鼓励多样化的交流模式，使自身在社区生活的不断进步中得以发展。

实现传播方式拓展的数字博物馆：随着信息技术和互联网技术的高速发展，记录和保护文化遗产获得了新的手段。传统博物馆的展示方式已经难以满足参观者的个性化需求，而信息传播方式的革命，将拆除博物馆文化传播的壁垒，从博物馆网站、数字化博物馆到数字博物馆的探索与实践，使博物馆文化的传播方式呈现出跨域式发展的趋势。

结语

今天，我国博物馆事业已经走过百年艰苦创业的辉煌历程。博物馆先辈所表现出来的传播文明、启发民智的人文理念，矢志不渝、披荆斩棘的创业精神，无私奉献、恪尽职守的敬业品德，乐而忘忧、服务社会的公众意识，都是博物馆的宝贵精神财富，也都深深地感动社会，激励着一代又一代博物馆人的爱岗敬业精神。

今天，博物馆事业面临前所未有的发展机遇，必须抓住这一历史机遇，清醒认识自身不足，避免追逐功利、遏制浮躁之风，从现实国情出发，从夯实基础做起，从社会需求实践，使博物馆成为开启公众智慧的钥匙，创新思想观念的源泉。唯有如此，博物馆事业才能取得功在当代、利在千秋的辉煌成就。

今天，我们正处于快速发展的特殊时代，我们所面临的大量问题，既是不能回避的长远问题，也是迫在眉睫的现实问题。因此，不能头痛医头、脚痛医脚地加以研究解决，不应忽视博物馆的基础理论研究，不应忽视博物馆的基本队伍建设，不应忽视博物馆的基础设施完善。博物馆处于动态变化之中，博物馆实践也永远不能停留在原有的经验之上。

今天，面临城市化加速发展进程，面临持续的大规模城乡建设，人类社会珍贵的文化记忆正在以前所未有的速度消失。在此情势下，博物馆不能再囿于传统框架，不能再将博物馆的活动空间和影响范围循规蹈矩地限定在馆舍之内或有限领域，而应该努力站在时代的前沿，将更多的文化遗产纳入博物馆的抢救保护之列。

今天，人类社会处于非同寻常的快速变革时代，博物馆也面临着正确理解自身价值、重新定义发展宗旨的任务。在这一背景下，任何一座博物馆都不可能独善其身，必然参与到社会变革的进程之中。这些新的挑战和选择，也给博物馆提供了分享国际经验、完善自身功能和职能、加强能力建设的难得机遇。

今天，博物馆事业具有广阔前景，充满发展机遇。在经历了“从整合走向分化”之后，将重新实现“从分化走向整合”。为此，亟须通过分析博物馆领域的发展趋势，领会广义认识理论的时代意义，思考博物馆概念内涵的深化和外延的扩展，正确处理博物馆学科与其他学科的各种关系，探求博物馆文化体系的完善。

今天，需要从更广阔的视野、更深入的角度梳理文化遗产保护与博物馆使命之间的内在联系，更加多样化地理解博物馆的专业化功能与社会化职能，探索新的博物馆类型和相应的发展方式，突出强调文物博物馆事业“整体的观念”，将传统的博物馆理论扩展为全面发展、兼容并蓄、动态开放的博物馆理论。

今天，博物馆文化的展示空间从馆舍到社区、从城市到乡村、从地上到地下、从国内到国外，将文化遗产置于博物馆的广义范畴来认识，体现出外向的、多维的、以促进社会发展为己任、以满足公众需求为核心的发展思路和时代精神。博物馆功能与职能的拓展和深化，也赋予博物馆工作者前所未有的用武之地。

今天，不断涌现的旧址博物馆和遗址博物馆，将保护对象扩大到不可移动文物，突破了传统博物馆特定馆舍建筑和文物藏品的概念；生态博物馆和社区博物馆，将保护范围扩大到文化遗产区域，寻求文化遗产未来的延续和发展；数字博物馆突破空间和时间的界限，在更广阔的范围促进博物馆文化的影响和传播。

今天，实现博物馆的文化创新，需要有坚定的自信和包容的胸怀。当今社会生活呈现信息化、网络化、数字化的特征，促进博物馆文化形态快速转变。在此背景下，任何博物馆都不可能孤芳自赏和自我封闭，而需要更多地融入社会，更多地关注民生，更多地担当责任，更多地实现创造，完成一次次历史性飞跃。

今天，博物馆学理论应该有更为广泛、更为综合的概念，博物馆工作应该有更为科学、更为专业的前提。随着社会的发展，任何一门学科的研究都会有一个新的发展，理论思维的高度标志着一门学科发展的水平，要建立具有中国特色和时代特点的博物馆学理论体系，需要博物馆学研究着眼未来发展，强化探索意识。

今天，博物馆的概念不断扩大，其所包括的内容呈现出螺旋式的发展，博物馆的核心理念和价值观念不断酝酿和形成，博物馆的思维范式和行为模式不断变化和转换，博物馆的专业功能和社会职能不断完善和提升。正因为如此，对于博物馆事业发展面临的诸多问题，需要进行全面的分析与整体的思考。

今天，文化遗产保护的视野不断扩展，从文化遗产到自然遗产，从可移动遗产到不可移动遗产，从历史遗产到当代遗产，从物质遗产到非物质遗产，博物馆的保护、研究、展示空间，必然从传统博物馆的“馆舍天地”走向丰富多彩的“大千世界”，也使博物馆工作更加视野开阔，面对多样化的文化资源，进入无限的发展空间。

今天，我们正沐浴着 21 世纪的朝阳，新的时代需要什么样的博物馆，博物馆如何凸显自身的存在价值和特色，是必须思考的关键问题，因为这些问题决定着今后博物馆的运行方向和发展方略。博物馆必须从相对狭小的“馆舍天地”中走出来，迈向更为广阔的“大千世界”，这是人们在社会实践中得出的结论。

今天，无论是从宏观的系统整体出发，还是从微观的应用角度出发，对博物馆问题进行深入探索，都必然涉及众多相互联系的学科。提出和探讨“广义博物馆”概念的目的，在于从更大的范围和更高的层次，提供理论研究和实践创造的框架，认识博物馆学的重要性和科学性，揭示博物馆学的广泛性和复杂性。

今天，我国博物馆事业对国家发展、社会进步的重大作用愈来愈被人们所认识，可以预见，博物馆学和博物馆事业无论在数量、规模、发展速度上，还是在内容和方法上，都将发生深刻的变化，“广义博物馆”时代必将到来。这里所说的广义，是指博物馆质量提升的空间无限广博，博物馆文化传播的世界无限广阔。

走出神殿　融入社会——浅议国际博物馆事业的兴起与变革①

（2013 年 3 月）

博物馆的萌芽源自人们的收藏意识。考古发掘成果表明，早在 4000 多年前，古埃及和两河流域地区的美索不达米亚的统治者，就开始注意寻找宝藏珍品，并且已经拥有相当多的实物收藏。距今 3000 多年前，古巴比伦末代国王那波尼德 (Nabû–nâ’ id) 就曾经比较系统地收藏古物、举办展览，甚至在古代废墟上进行发掘，以增加收藏。公元前 530 年，苏美尔文明古城乌尔的学校出现了类似博物馆展厅的藏品展示场所。

人们普遍认为，博物馆的历史可以追溯到古希腊时代。公元前 5 世纪，古希腊特非尔 · 奥林帕斯神殿就有保存战利品和雕塑等古物的收藏室。公元前 4 世纪，马其顿帝国的亚历山大大帝在建立地跨欧、亚、非帝国的军事扩张行动中，将搜集和掠夺的许多珍贵艺术品和稀有古物交给他的老师亚里士多德（Aristotle）整理、研究，在雅典郊区建立了“亚里士多德园”。亚里士多德从事授课和研究时，曾使用该园收藏的实物与标本作为辅助教学资料，传播文化知识。

关于博物馆的起源，始终存在争议。目前西方普遍的观点是“亚历山大里亚博物馆”说，即亚历山大大帝去世后，他的属下托勒

① 此文发表于《中国建筑文化遗产 9》，2 页，天津，天津大学出版社，2013。

密一世建立了新王朝，收集了更多的艺术品，并于公元前 284 年在尼罗河口的亚历山大里亚城，建立了一座专门收藏文化珍品的博物馆，这座博物馆的诞生被视为博物馆的起源。由于托勒密一世建立的这座博物馆的地点在缪斯神庙，希腊语为 mouseion，意思是“供奉缪斯[①]及从事研究的处所”，于是，英语中的博物馆（museum）一词由此产生。这座缪斯神庙被认为是人类历史上最早的博物馆。

美国学者 G. 博寇（G. Burcaw）在《博物馆业务导论》中认为，“埃及的亚历山大里亚博物馆在本质上就与今日的博物馆相似”，“学院包括一座汇藏博物馆各领域藏品的图书馆、天文观测台，以及其他相关研究与教育的设备”，“事实上它也是第一座真正的博物馆”[②]。这座博物馆用于将征战中搜集和掠夺来的珍贵艺术品及古物陈列其中，向人们展示帝王的权力和财富，所收藏的藏品包罗万象，但是并不对外开放，学者们在此通过有组织的研究获得新的成果，进而传播知识，因此也开创了博物馆的雏形。关于这座博物馆，我国有关博物馆学的教材中写道：“这个博物馆设有专门的大厅、研究室，陈列有关天文学、医学和文化艺术的藏品。各地的学者、作家聚集在这里，从事研究工作。大批来自各地的青年跟随他们学习。亚历山大里亚博物馆是世界当时最大的科学和艺术中心。”

由此可见，博物馆起源于珍品的收藏，在其早期形态阶段主要以收藏、研究为主要功能。“无论以前人类曾有过多么辉煌的文明，都无一例外地将被历史的烟尘所淹没，人类在不断地创造文明，文明却无法永生——这是永恒的法则。但是，我们仍然可以通过某个

① 注：缪斯（Muse）是掌管知识与艺术的女神。
② 李军：《从缪斯神庙到奇珍室：博物馆收藏起源考》，载《文艺研究》，2009（4），124 页。

途径去寻找这些文明的踪迹，这个途径就是博物馆。”[①] 当时类似缪斯神庙的收藏机构不止一处，还有一些神庙也同样具有保存古物的功能。这些神庙“以保存和研究古典文化为己任”，其收藏重点已由宗教和伦理转向科学知识领域，以求知好问精神为驱动，藏品涉及当时众多的知识领域，“开创了人类文化保存中一种带有普遍性意义的机制”。

亚历山大里亚博物馆在存在了几个世纪后毁于战火。同时，对于将其作为现代博物馆起源的观点也存在着不同意见，其中一种观点认为，如果我们把早期“mouseion”的形态概括一下，可以说，它对观念的强调远远超过了对物的强调；对讨论问题的兴趣远远超过了收藏；最后，可以说它对人际关系的重视远远超过了对人与物和物与物关系的重视。换言之，亚历山大里亚的缪斯神庙主要是一个论坛、一个人与人相互交流的场所、一个不同观念相互碰撞的平台。不是物质（收藏），而是非物质的属性（人际关系），才是这个“mouseion”的本质和所谓的“亚历山大里亚博物馆”的真相所在。因而，它并不是以收藏物为核心的现代博物馆的直接起源[②]。

萌生于古希腊文化中的博物馆现象，至公元前后的罗马时代，有了进一步发展。人们怀着对希腊文化的喜爱，收藏的范围不仅限于皇室，贵族们也纷纷加入收藏艺术珍品和古物的行列。在不断的对外战争中，所到之处，他们无不贪婪地搜集奇珍异宝和各类艺术品，再把这些来自不同国家和地区的数以万计的铜像、雕塑运回罗马城，装饰各类建筑，将整个罗马城变成一座博物馆。同时，一些府邸和神殿成为陈列这些文化珍品的地方，甚至开辟专门供客人观

① 于萍：《博物馆性质与文化传播》，载《丝绸之路》，2011（2），81页。
② 李军：《从缪斯神庙到奇珍室：博物馆收藏起源考》，载《文艺研究》，2009（4），124页。

希腊雅典国家考古博物馆

赏的私人收藏陈列室，但是总体来说，收藏的物品杂乱无章，不成系统。此外，一些豪华的神殿里都装饰着精美绝伦的雕像和壁画；在兼有社交性质的公共浴场里，也装点华丽，附设有图书馆和画廊；其他一些住宅、寺院、餐厅和广场上，各种壁画也比比皆是。

以上发生在希腊、罗马的各种事实说明，产生在奴隶制时代的博物馆现象，已经成为当时社会文化生活的一个重要组成部分。"'到博物馆去！'，在古代西方是一个人表明其阶级、身份和品位的象征。在其后相当长的时间里，博物馆还只是供皇室或少数富人观赏奇珍异物的收藏室，西方的传统博物馆也由此继承了'带有巨大柱子和台阶'的神殿、教堂或宫廷的建筑形象，并延续至今。"①

中世纪的欧洲，处在封建制度和教会统治的时代，基督教在社

① 刘克成：《到博物馆去》，载《建筑与文化》，2007（2），10页。

会生活的各个方面都处于垄断地位，文化教育成了宣传教义的工具。教堂、修道院成为收藏陈列法器、圣像、教主遗物和教徒供奉的珍贵礼品等宗教文物的主要场所，扮演博物馆角色，传教士也将从所到之处带回来的各种珍奇物品收藏其中，教会利用这些收藏品向大众显示权力神授的正当性，宣传宗教的教义，扩大宗教的影响。宫廷、庄园、城堡、贵族府邸则是世俗文物的聚集之地。作为文化现象的珍品收藏活动，虽然笼罩在宗教的神秘主义和蒙昧主义的氛围下，但是规模和范围有了新的发展和扩大。

当时，欧洲各国有许多教堂寺院都收藏有希腊、罗马时代以来的各种珍贵手稿、抄本、雕刻和绘画作品。尤其是作为宗教中心的梵蒂冈，设有收藏珍本善本的一流图书馆，例如 14 世纪教皇达马苏斯一世（St. Damasus Ⅰ）时，就藏有古希腊文和拉丁文稿本 3650 册，而且从各地汇集来的宗教文物、香客的礼品更是数不胜数，教廷成为收藏中心，教皇则是最大的古物收藏者。再如当著名雕塑《拉奥孔》于 1506 年刚刚出土时，教皇 P. 朱利叶斯二世（P. Julius II）就利用权势将其征集过来，成为教廷的珍藏，其他一些红衣主教也纷纷仿效，热衷于古物收藏。

文艺复兴是近代博物馆产生的第一个推动力。14 至 16 世纪，在欧洲文艺复兴的浪潮下，大批手抄本和从罗马废墟中发掘出来的古代雕塑等艺术珍品，重现了古代文明的光彩，引起了人们对希腊、罗马时代古典文化的向往，人们希望找寻与这些辉煌历史时期的文化关联，为未来发展奠定精神基础和动力。由此引发欧洲各国民众探访名胜古迹，搜集钱币、书籍和雕塑等古物的热潮，对古代遗存的收藏、研究重新受到关注，成为文化继承与创新的重要智慧与力量源泉。此时在一些宫廷和富裕家庭内拥有观赏奇珍异物的收藏室，但是收藏的目的从过去为炫耀财富和战利品，转变成为增进知识而收藏。

15世纪末地理学、航海学等科学技术的发展，开拓了欧洲各国的视野，开辟新的航线、发现美洲大陆，便于他们从更加遥远的地方搜集奇珍异物，欧洲的探险家、商人往往满载而归，带回来大量从海外或是本土考察发现的自然标本、工艺品，满足人们对未知事物的好奇，对古物的收集研究热情更加高涨，收藏的范围和藏品的数量大幅增长，收藏的物品逐渐呈现系统性，在对藏品进行分类整理和研究的过程中，更加重视其美学和科学价值，便于人们理解藏品。此时展示物品的收藏室也成为当时人们了解世界的媒介。这一时期出现了大批私人收藏家，一些私人藏品捐赠或出售给博物馆，奠定了欧洲各大博物馆的藏品基础。

从中世纪到欧洲文艺复兴，再到近代博物馆产生的初期，在相当长的历史过程中，征集和收藏一直是博物馆的主要功能。博物馆学产生于17世纪的英国，当时是以一批博物馆藏品目录问世为代表，以博物馆志的出现为标志。17世纪，由于科学技术的发展，一批收藏自然科学实物资料的博物馆开始出现。这一时期的博物馆还没有真正意义的文物陈列展览，只有一些接近于展示的活动，即将文物藏品从库房中提取出来，用于观察、鉴赏、研究，这种活动是博物馆传播活动的最初萌芽，博物馆的研究功能也由此产生。

欧洲17至18世纪的启蒙时代，民主文化运动兴起，积极争取人人平等的公民政治权利。“在启蒙运动时期，私密性的私人收藏开始逐渐转变为公共财富。启蒙运动的一个观念就是对公众的知识培育，因为知识的培育可以造就完美的个人，从而使社会趋于理想。在这种思潮的影响下，一些个人收藏开始逐渐向公众开放。”法国一些启蒙思想家提出建立国家博物馆的设想，要求珍贵物品应属于国民，而非君王专有，这种权利观就是人们反抗专制王权的体现。欧洲一些隶属于皇室、贵族和教堂的收藏逐步向大众开放，人们对博物馆的认识也开始发生变化，被看作公共性的文化机构，开始出现收藏功能的转移和社会教育发展的需要，从而涌现出一批拥有历史、自然、艺术内容的博物馆。

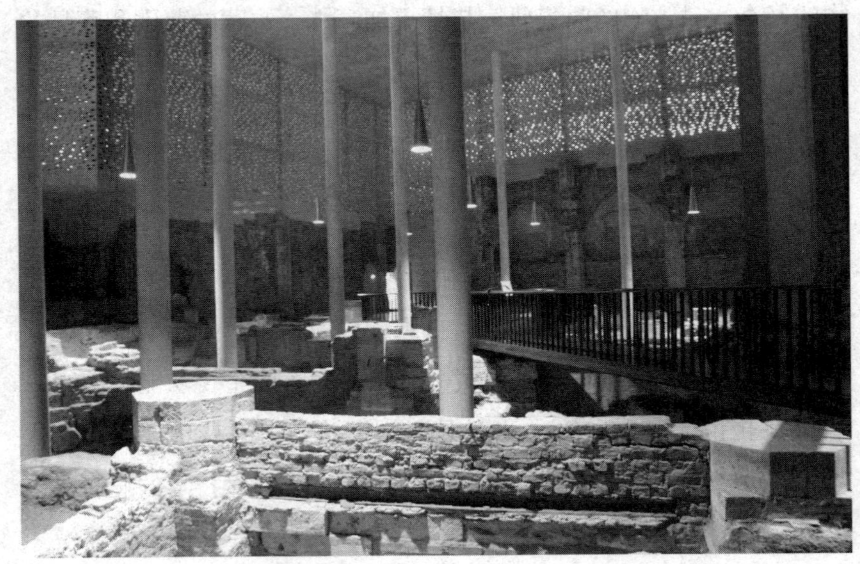

德国科隆巴博物馆

近代意义的博物馆产生于资本主义生产方式在欧洲得到长足发展的时期，是私人财富和私人收藏积累以空前的速度增长的时期。此时诞生的世界上第一座具有近代博物馆特征的英国阿什莫林艺术和考古博物馆，开始“以固有的藏品举办陈列展览向公众开放”。该博物馆的藏品原为 J. 特拉德斯坎特（J. Tradescant）父子的收藏，包括鸟、鱼、动物、植物、昆虫、矿物、宝石、货币、徽章、武器、服饰、生活用具、雕刻、绘画、手工艺品、考古出土文物、民族民俗文物等。1678年这些藏品归收藏家E.阿什莫林（E. Ashmolen）所有。阿什莫林艺术和考古博物馆于1683年5月在牛津大学向公众开放，开创了将私人收藏公之于世、建立近代博物馆的先河，由于此前E.阿什莫林将他本人的收藏全部捐赠给牛津大学，因此其所有者不再是私人，而是属于公共教育机构，这就决定了该博物馆的公共性质，即社会公众无论身份，只要购买门票，就有权利进入参观。

阿什莫林艺术和考古博物馆除了展示藏品以外，还增加了实验和教学的功能，为学者和学生的研究提供场所。至此，博物馆又出现了一项新的职能，即公共教育，其特征是重视社会教育作用，注重为社会服务[①]。因此，一般认为阿什莫林艺术和考古博物馆是世界博物馆史上第一个正式向公众开放的博物馆，被誉为“欧洲最早的公共博物馆”。近代博物馆诞生以后，1755年S.约翰逊（S. Johnson）在其编著的《英语词典》中将博物馆定义为：蕴含丰富学问的奇异物品的贮藏和陈列场所。但是“其内涵是比较狭窄的，似乎主要针对自然类博物馆”[②]。经过法国大革命和工业革命的洗礼，博物馆向世俗社会转移，所收藏的文物和艺术品数量更多、规模更大，收藏范围更为广泛，为此后欧洲的一些大型博物馆发展奠定了重要基础。

“随着欧洲历史的发展，民族主义思想逐渐产生，以民族为基础的近代国家观念开始形成，在这个过程中，宣扬民族文化、记忆民族历史、增强民族荣誉感的博物馆观念开始流行，国家博物馆的概念开始产生。”[③]18世纪是博物馆事业发展的重要时期，欧洲一些国家相继建成了国家的或具有重要影响的博物馆，例如爱尔兰国家

① 于萍：《博物馆性质与文化传播》，载《丝绸之路》，2011（2），81页。
② 段勇：《多元文化：博物馆的起点与归宿》，载《中国博物馆》，2008（3），5页。
③ 郭长虹：《社会发展与博物馆社会服务观念的变革》，见《博物馆观察——博物馆展示宣传与社会服务工作调查研究》，132页，北京，学苑出版社，2005。

博物馆（1731 年）、丹麦国立美术馆（1760 年）、俄国艾尔米塔什艺术馆（1764 年）、西班牙国立博物馆（1771 年）等。与此同时，在欧洲的影响下，1773 年美国南卡罗莱纳州查尔斯顿城建成第一座公共博物馆，虽然以介绍本州自然历史为主，但同时也带动了美洲博物馆事业的发展。从博物馆发展史上看，世界上最早出现的博物馆主要集中在欧美国家。但是当时这些博物馆的展出方式都是不进行任何分类，只把文物与自然标本随意放在一起，这就是博物馆学上所说的“珍宝柜”。现代意义的博物馆诞生于 18 世纪中期。其中影响较大的是英国大英博物馆和法国卢浮宫艺术博物馆。

大英博物馆是全世界第一个对公众开放的大型博物馆。大英博物馆收藏有世界各国的精美艺术品，设有 100 余间陈列室，分为埃及古器物、希腊和罗马古器物、西亚古器物、欧洲中世纪古器物、东方古器物、英国史前和罗马占领时期艺术品、钱币和纪念章、版画和画稿等部门。如此庞大的博物馆最初是在英国医生 H. 斯隆（H. Sloane）的私人收藏品的基础上建立起来的。H. 斯隆是个兴趣广泛的收藏家，他晚年收藏的文物近 8 万件，另有许多植物标本和书籍、手稿。根据他的遗嘱，为了让这些收藏品“维持其整体性、不可分散”，1753 年，英国议会拨专款收购 H. 斯隆的所有藏品，并以此为基础，于 1759 年 1 月在伦敦市区附近的蒙塔古大楼成立博物馆，对社会公众开放。在博物馆开放后，又不断充实藏品，从自然标本到钱币、绘画、书籍、手工艺品等诸多东西方的文物珍品，博物馆藏品愈臻丰富，成为当时世界上最大的博物馆。到了 19 世纪，由于受空间的限制，蒙塔古大楼已显得不敷使用，于是新建博物馆和图书馆设施。1880 年，大英博物馆将自然标本移交给新建成的自然历史博物馆。1973 年，大英博物馆将书籍、手稿移交给不列颠图书馆，最终形成此后的博物馆格局。

法国卢浮宫艺术博物馆是大革命的产物。1789 年法国大革命爆发，推翻了波旁王朝的统治，这一社会形态的巨变直接导致了皇宫中历代王室收藏的各国绘画、雕刻、工艺品等大量艺术珍品转为国家所有。1793 年 10 月，新的共和国政府下令将王室宫殿改造成为卢浮宫艺术博物馆。19 世纪初，法国政府决定在不同地区建设 15 座博物馆，包括波尔多博物馆、马赛博物馆、里昂博物馆等，用来收藏卢浮宫艺术博物馆容纳不下的藏品，这些博物馆通常都设立在艺术学校的附近，成为学生们接受校外教育的公共机构，博物馆在职能上具备更多的教育功能。卢浮宫艺术博物馆的设立使不可计数的艺术杰作、珍宝收藏，史无前例地向公众开放，卢浮宫也不可避免地成为民主自由的象征。1848 年，英国游记作家贝尔·圣约翰第一次参观了卢浮宫，7 年之后，他记述了自己的感受：卢浮宫以前是“上演权力的悲喜剧的场所，阴谋、操纵、妒忌、阴暗的猜疑、恶毒的动作的聚集处，产生皇家荣耀与苦难的地方……”，而通过博物馆的建立“它已经变成了为数众多主要是艺术的物品的宁静而又华丽的庇护地”。从浮华奢靡的皇宫，到聚集人类文明精华的殿堂，展示空间功能发生了重要变化[①]。此后，卢浮宫艺术博物馆不仅被视为法国城市筹建博物馆的蓝本，也成为许多国家博物馆的典范，尤其是经历政权变革或国家主权独立运动的国家[②]。从而促进了欧洲各国皇家博物馆和私人博物馆的开放，加速了现代博物馆的发展进程。

如果说英国大英博物馆的建立和法国卢浮宫艺术博物馆向公众开放标志着现代意义的公共博物馆的诞生，那么美国博物馆建设的

① 林少雄：《博物馆的功能与艺术的观念》，载《艺术百家》，2011（4），180 页。
② 王真真：《博物馆公共属性的“生成”》，载《中国文物报》，2010-06-02（6）。

广东西汉南越王博物馆

尝试，则为博物馆赋予了更多的社会公共属性。作为历史文化积淀并不深厚的19世纪新兴国家，美国在经济和财富上迅速增长，但是在文化上，与欧洲国家相比，一直难以摆脱文化艺术方面沉重的自卑感，于是立志凭借经济实力，要让美国成为世界的文化中心。美国早期的博物馆收藏偏重于自然和科技类。19世纪中叶，受到万国博览会的影响，美国博物馆进入发展时期，以国民教育为宗旨的大型综合性博物馆兴建起来。从国会大厦到华盛顿纪念碑，长达几公里宽阔的杰佛逊林荫大道两侧，一座又一座闻名于世的各类博物馆拔地而起，其中最具有代表性的是美国史密森学会。1846年，在华盛顿建立的史密森学会，其奠基人是英国科学家J. 史密森（J. Smithson），虽然他从未到过美国，但是根据他的遗嘱建立起以促进人类知识传播为目的的史密森学会。此后史密森学会经过持续发展，形成旗下有19家博物馆和美术馆、国立动物园和9家研究机构的庞大博物馆系统，藏品共计 1.3 亿余件，经费部分来源于美国政府拨款，并免费向公众开放，成为世界上最大的也是引领世界博物馆发展潮流的博物馆群和重要的科学研究中心。

1870 年建立的大都会艺术博物馆是继美国史密森学会成立后的又一大型博物馆，标志着美国大型艺术博物馆的出现。借助私人大量的慷慨捐赠以及颇具眼光的藏品收购，大都会艺术博物馆的藏品相比欧洲大型博物馆而言毫不逊色。事实证明，以美国史密森学会和大都会艺术博物馆为代表的美国首批博物馆，通过收藏、展示和公共教育等博物馆核心职能，对美国公民乃至整个公民社会形成的积极影响是广泛而深远的[①]。

现代化工业的产生与发展，自然科学的重大发明和发现，不断产生出新的学科，激发人们学习知识和研究科学技术的热情，社会公众的需求也为博物馆的发展开辟了新的道路，涌现出众多科学技术类型的博物馆，例如法国国立科学工业博物馆、英国国立理工科学技术博物馆、德国国立科学技术博物馆和俄国莫斯科应用科学博物馆相继创建。1851 年在伦敦举办的万国博览会，成为 19 世纪博物馆发展的重要契机，即利用万国博览会征集的大量展品筹建新的博物馆。随后英国出现了各种类型的博物馆，包括科学博物馆、地质博物馆、自然史博物馆等，标志着博物馆出现类型多样化和内容专门化的趋势。此后，专业化的博物馆发展逐渐趋向明显，考古、艺术、自然历史、科学等各种门类的博物馆均开始建立。

19 世纪开始，现代意义的博物馆在欧美各国得到迅速发展的同时，也开始向世界其他地区传播，影响到亚洲、非洲和拉丁美洲。日本近代博物馆起源于 1872 年，是亚洲较早建立博物馆的国家。明

① 王真真：《博物馆公共属性的“生成”》，载《中国文物报》，2010-06-02（6）。

治维新时期，日本参加万国博览会时广泛地接触到欧洲的博物馆，参会人员回国后大力宣传博物馆的作用，随后，日本从国家到地方建立起众多近代化的博物馆以启民智。

博物馆从欧洲向世界的扩散过程，与西方的扩张历史相关。一方面，西方殖民者加紧对各殖民地进行文化掠夺，通过派出考古队、探险队，大规模搜集古代珍贵文物，获取大批珍稀自然科学标本，甚至实施军队武力掠夺，不断充实本国的众多博物馆。另一方面，出于殖民政治的需要，由殖民当局或者教会在各殖民地的附属国家建立国家博物馆以及地志类、自然类、民族类博物馆，例如 1814 年在印度建立的加尔各答博物馆，1818 年在巴西建立的巴西国家博物馆，1823 年在阿根廷建立的自然博物馆，1825 年在南非建立的南非博物馆，1827 年在澳大利亚建立的澳大利亚博物馆，以及 1858 年法国考古学家在埃及开罗建立的埃及国家博物馆。同时，殖民者在拉丁美洲、非洲殖民地建立了更多的黄金博物馆、钻石博物馆等资源性博物馆[①]。

随着博物馆的大量出现并向社会公众开放，逐渐形成国家、地方和私人等不同形式博物馆并存的格局，博物馆开始履行社会化职能，并逐渐使博物馆事业成为一项重要的社会文化事业。同时，博物馆管理模式、运营理念、社会功能也发生了很大变化，与博物馆服务于社会的功能不断拓展相伴而生，应用理论研究也呈现出了良性发展态势。从 19 世纪开始，德国、美国等国家在探讨博物馆藏品分类管理的同时，系统介绍博物馆在传播科学技术、提高文化知识、促进社会进步等方面的作用。1852 年，德国纽伦堡日耳曼博物馆所采用的组合陈列法是近代博物馆教育的早期典型，该博物馆按史前

① 苏东海：《中国博物馆的传统与变革》，载《中国文物报》，2008-10-10（5）。

时代、罗马时代、德国时代 3 个系统 6 个展室进行组织陈列，便于观众了解不同时代的社会面貌，因此被视为具有现代意义的博物馆教育的开端。

1880 年美国博物馆学者鲁金斯在所著《博物馆之功能》中明确提出博物馆应成为一般民众的教育场所的观点。至 19 世纪末，博物馆的教育职能更加显著，博物馆的陈列展览开始按照一定的教育目的，有计划地帮助观众了解文物展品。一些博物馆还与学校建立起紧密联系，不仅教师和学生可以免费参观，甚至可以借到文物标本辅助教学。博物馆不仅成为国家实力颇有说服力的象征，也使公民和社会，通过它们的教育影响，更接近文明、智慧与高尚[①]。

伴随博物馆数量的增加，博物馆专业组织得以发展。1889 年，世界上第一个博物馆协会在英国诞生。20 世纪初，欧美各国的博物馆专业组织相继建立，例如 1906 年，美国博物馆协会成立，并且明确规定协会的任务是出版年刊、会刊，介绍世界各地博物馆的情况，探讨博物馆发展中的问题。这些博物馆组织的建立，促进了博物馆事业的进步和博物馆学研究的开展。1946 年 11 月，由美国博物馆协会会长哈姆林（Hamrin）倡议，创立国际博物馆协会，促进博物馆在世界范围内的新发展和战后各国博物馆领域的交流，推动博物馆间的国际合作。

进入 20 世纪，博物馆事业进入新的发展时期，迎来可以更好地实现博物馆专业化功能的新时代。俄国在 1917 年十月革命以后，博物馆为全民所有，博物馆的发展相当迅速。尽管 19 世纪的博物馆已经具有收藏、科研和教育职能，但是经过了第一次世界大战的特殊历史时期，这一时期的博物馆教育以弘扬民族精神、启发民族意

① 王真真：《博物馆公共属性的“生成”》，载《中国文物报》，2010-06-02（6）。

识、凝聚民族力量为主旨，以培养爱国主义精神为目的。法西斯国家则利用博物馆进行法西斯教育，鼓动战争狂热，使这些国家的博物馆成为军国主义、种族主义和法西斯主义的宣传场所，例如意大利建立的墨索里尼博物馆、德国建立的军事博物馆等，日本也把博物馆纳入了官方的战争宣传轨道之中。

第二次世界大战以后，一些国家的博物馆在战争中遭到严重破坏，许多珍贵文物毁于战火，因此经历了一个恢复时期，才逐渐走上振兴繁荣之路。例如艾尔米塔什博物馆在战争中遭到破坏，战后被精心修复。日本于1951年制定了全国性的《博物馆法》，促进博物馆行业的健康发展，博物馆数量迅速上升。同时，国际博物馆界有力推进以博物馆功能为基础的专业化路线，不断扩大专业培训的范围和规模。但是，博物馆的专业化功能和社会化职能之间、博物馆使命与社会公众需求之间依然存在冲突，甚至表现得十分激烈。

此后，西方社会的民权运动、妇女运动、反战运动、环境保护运动等此起彼伏，与此同时，反传统、反现代文明思潮高涨。20世纪60年代，美国黑人诗人J. 约丹（J. Jordan）就曾对博物馆发出过猛烈抨击："如果你无法让我在博物馆看到我自己，如果博物馆不能让人民知道他们想知道的真理——没有比这更重要的事情了。如果博物馆不能表现和让人们知道这些事情，那么，为什么我不应该攻击这些美国的殿堂？把它们炸掉？"[①] 在这样的时代背景下，发生了所谓的"第二次博物馆革命"，对社会教育作用再认识成为博物馆理论与实践的核心。张誉腾博士在《全球村中博物馆的未来》一书序言中指出，1960年以后兴起的新博物馆运动，使博物馆由"过去导向、物件导向"转型为"观众导向、经营导向、未来导向"，"由以

① 黄春雨：《博物馆的社会化与专业化思考》，载《中国博物馆》，2008（3），19页。

收藏过去转而以教育未来为经营重点，是此次博物馆运动的主要诉求”。

白俄罗斯明斯克泪岛

进入20世纪70年代，许多重要的博物馆学研究理论相继问世，学术界开始对博物馆的起源、发展的历史阶段、博物馆的功能以及博物馆的社会角色等进行论述，现代博物馆学的学科体系基本成形。1974年在丹麦哥本哈根召开的国际博物馆协会第10届大会，主题是“博物馆和当今世界”。这次大会决定了国际博物馆的未来，所有与会者都清楚地意识到《国际博物馆协会章程》已经不能适应博物馆的发展，不能再代表国际博物馆协会的真正目标，为此，决定对博物馆的定义进行修改。新的章程及新的定义给予博物馆更多面对社会、面对未来新的意义，即“博物馆是一个为社会和社会发展服务的不以营利为目的的永久性机构，它向公众开放，以研究、教育、欣赏为目的而征集、保存、研究、传播和展出人类及人类环境的物证”。其中“为社会和社会发展服务”的定义，则成为国际博物馆界“第二次博物馆革命”的标志。

正如英国博物馆学者K.赫德森（K. Hudson）在《八十年代的博物馆》一书中所言：“1974年在哥本哈根举行的国际博物馆协会第10届大会清楚地表明，全世界博物馆开始越来越不把自己看成是同外界没有联系的专业单位，而越来越认为它们是自己所在社区的文化中心。这种变化可以这样来概括，就是博物馆不再被认为仅仅是保管一个国家文化和自然遗产的宝库或代理人，而是广泛意义上的强有力的教育手段。”①

新博物馆学的雏形出现于20世纪70年代，80年代开始流行于国际博物馆界。其核心思想是积极推动博物馆变革，强调博物馆的社会作用和多学科特征，强调博物馆利用社区遗产资源，促进社区社会经济和文化发展。这一时期，国际上博物馆的数量不断增加，博物馆的质量不断提高，虽然传统博物馆仍居于主流地位，但是，博物馆的实现形式出现多样化的趋势，国家公园、露天博物馆、生态博物馆、社区博物馆等新型博物馆相继出现并得以发展，突破博物馆原有静止模式，给予参观者新的体验。其中始于20世纪70年代初的生态博物馆，高举“由所在地人民和公共权力机构共同设想、共同修建、共同经营管理”旗帜，将博物馆的社会化推向了高潮。

传统博物馆的通常做法是，将遗产搬到某一个建筑物里，这些遗产往往因此而远离了它的原生地点及其环境。而生态博物馆则希望遗产能在一个特定的社区中原状保护，所以本社区的范围也就等同于博物馆的范围。在生态博物馆里，本社区的自然风貌、建筑物、生产生活用品、风俗习惯等有关物质的和精神的所有内容都被生态

① 马自树：《文博余话》，北京，紫禁城出版社，2011。

博物馆赋予了含义。与此同时，当地居民利用生态博物馆这一手段来保护自己的遗产，并利用这些遗产来创造未来。

新博物馆学在过去30余年中，除了在生态博物馆方面的实践外，还直接催生了整体博物馆、社区博物馆、邻里博物馆、地区文化中心等新型博物馆。对于这些新型博物馆，H. 戴瓦兰 (H. de Varine) 指出："相比较于以收藏品、在建筑物内和接待观众为主要特征的传统博物馆而言，新类型的博物馆可以从根本上表述为一个以一个社区（或社区民众参与）为核心特征的、在一个特定区域内的、出于社区发展的目的使用共同的遗产资源的文化过程。"直至今天，新博物馆学思潮尚未减退。

在专业化功能巩固与社会化职能提高的基础上，1977年国际博物馆协会建立了博物馆学专业委员会，从根本上强化博物馆的基础理论建设，逐步聚集了一批国际博物馆界既有实际经验，又有现代科学知识背景的专家学者，通力合作建立现代博物馆学。国际博物馆协会逐渐成为国际博物馆界思想交流的舞台。此后，国际博物馆协会将每年的5月18日确定为"国际博物馆日"，并且每年都确定一个主题。

20世纪80年代，随着人类进入后现代社会，博物馆界开始对自身的责任和使命进行反思。博物馆的研究对象逐渐从文物藏品的收藏、展示、研究，转向对社会和人的关怀。为此，国际博物馆协会在1951年、1962年、1971年、1974年多次对博物馆定义进行修订的基础上，于1989年再次形成了新的博物馆定义："博物馆是非营利的、为社会及其发展服务、向公众开放的永久性机构，它为研究、教育和欣赏的目的，收集、保存、研究、传播和展示人类及其环境的物证。”[1]

但是，在新博物馆运动兴起20~30年后，M. 胡德（M. Hood）在20世纪90年代初的文章中仍然指出，在英语系中，对于“博物馆”这个词的使用，仅约20%用在正面的意义。在其他方面，博物馆这个词代表静止不动、无聊、没有精神、枯燥乏味、模糊、没有个人色彩、看不出所以然、无法理解、不懂、死的、无生气的、无意识的——博物馆代表过去的、剩下来的、腐朽的[2]。美国博物馆学家哈里森（Harrison）在1993年发表的《90年代博物馆观念》中指出：新博物馆学的观念是相对于“传统”博物馆学的观念而言的，它的重心不再置于传统博物馆所一向奉为准则的典藏建档、保存、陈列等功能，转而将关怀社群与社区的需求定为博物馆的最高指导原则。因此，从国际博物馆发展的角度看，博物馆学正朝着关注“人”、关注“社会”的方向发展[3]。

全球博物馆共同经历了70年代、80年代直至90年代初的大发展。在全球化的时代大趋势下，博物馆所具有的作用和内涵已远远超越它最初成立时“文物仓库”的状态，呈现出多维发展态势。“以物为核心”向“以社会为核心”的转化又成为所谓的“第三次博物馆革命”的标志。“这是一次博物馆专业化与社会化的和谐结合，博物馆终于可以骄傲地宣称自己是社会真实的需要。”[4]

几十年来，博物馆事业在全世界有了快速发展，成为现代社会发展最快的事业之一。资料显示，20世纪末全世界的博物馆总数为4万余座，而目前全世界共有博物馆5万余座。一些欧洲国家的博

① 段勇：《多元文化：博物馆的起点与归宿》，载《中国博物馆》，2008（3），5页。
② 陈建明：《虚拟的场景 真实的遗产》，载《中国博物馆》，2008（3），16页。
③ 刘舜强：《“大博物馆学”与中国博物馆的当代性》，载《中国文物报》，2011-02-09（6）。
④ 黄春雨：《博物馆的社会化与专业化思考》，载《中国博物馆》，2008（3），19页。

物馆数量仍然位居前列，英国约有 2500 座博物馆，德国约有 3000 座博物馆，意大利约有 3500 座博物馆，法国约有 5000 座博物馆。一些历史文化遗产丰富的欧洲国家，例如丹麦、比利时等已经达到每一万到两万人拥有一座博物馆。日本博物馆总数为 5775 座，包括国家博物馆 206 座，地方公众博物馆 4164 座，私立博物馆 1405 座[①]。近年来，一些第三世界国家的博物馆事业发展比西方发达国家更快，以适应与日俱增的参观者需要。例如南非拥有近 500 座不同类型的博物馆，涉及从文化艺术到地质、历史、生物、矿业、农业、森林以及其他人文科学领域。

美国费城独立会堂

美国从 1960 年到 20 世纪末，博物馆的数量增长了 15 倍。特别是 1970 至 1980 年的 10 年间，美国博物馆高速发展时，曾创下

① 新妻洋子：《日本博物馆现状及面临的问题》，载《中国文物报》，2010-05-26（4）。

“每天都有一座新博物馆诞生的局面”。美国1991年进行的一次比较全面的调查显示，全美博物馆全职从业人员超过15万人，同时有大约38万名志愿者每年为博物馆免费提供从讲解到文物藏品登记保护等各种服务。从1998年至2000年的3年间，为了新建或扩建150座博物馆，美国共投入了43亿美元。目前美国博物馆的类型几乎涉及社会生活的各个方面，其中综合历史类约占50%，艺术类约占15%，自然科学类约占15%，其他类型的博物馆约占20%，几乎所有的城市至少都拥有一座博物馆和美术画廊。大都会艺术博物馆在保留早期建筑的前提下，扩建20余次，博物馆建筑跨越5个街区，长达300余米，总建筑面积约20万平方米，藏品逾400万件。

在博物馆数量持续增长的同时，博物馆观众也得到同比增加。2000年，美国的博物馆参观者有史以来第一次超过了10亿人次，是全国总人口的3倍多。这个数字在10年内增长了50%。美国社会民众每星期去参观博物馆的人数，比上体育馆看美式足球、棒球等球赛的人数还要多[①]。作为全世界最大的博物馆群，美国史密森学会所属博物馆门类齐全，其中参观量排名前三位的是国家航天博物馆、国家自然历史博物馆和国家历史博物馆，相关展览及配套教育活动的成功得到社会认可。瑞典有150多座博物馆，在全国900万的人口中，每年去博物馆的人数达到1600万人次，即60%的居民经常进入博物馆，其中中产阶级占80%[②]。在加拿大，虽然全国人口只有3000多万，却有博物馆2400多座，年参观者总数超过6000万人次。在日本，全国博物馆员工总数约46000人，接待观众2.8亿人次。

世纪之交，国际博物馆事业空前繁荣，伴随着科学技术和生产

① 张和清：《美国博物馆的管理与运作》，载《中国文化报》，2008-10-22（7）。
② 李寅峰：《让博物馆打动人心》，载《人民政协报》，2010-10-22（C1）。

力的迅猛发展，国际文化交流合作逐渐增多，博物馆的数量快速增长，许多国家除了对现有的博物馆进行修缮更新外，还斥资建设许多新的博物馆。各国博物馆的发展根据需要各有侧重，涌现出更多科技博物馆、专题博物馆，展示方法体现科学技术发展的最新成果，使博物馆面貌不断出现引人注目的变化，呈现出多元化的面貌。人们越来越认识到，博物馆汇聚了地域代表性文化，是人类文化记忆传承、创新和维护文化多样性的重要阵地，是一座城市甚至一个国家的文化底蕴和品位的代表。特别是第三世界国家在战后走上独立发展的道路，在发展经济的同时，新兴国家也开始重视本国、本地区、本民族的文化遗产保护，重视博物馆事业发展，建立了大量反映传统文化、地域文化的博物馆，这些博物馆肩负起保护民族文化、增强民族团结的使命。

走出庙堂 服务民众——浅议中国博物馆事业的开创与发展[①]

（2013 年 6 月）

一、我国博物馆事业的早期实践

我国作为世界上唯一没有中断文明的历史古国，收藏的历史悠久。在公元前 21 世纪，进入奴隶社会以后，一些物品已经受到特别的珍爱和收藏。古籍记载，夏朝统治者走到末路的时候，商朝的军队追赶不舍，为的是想获得夏朝统治者所携带的宝玉。商朝王室已有用于占卜的甲骨收藏，周朝王室则“多名器重宝”，开始在皇宫内设立专门的收藏机构“守藏室”，有官员负责收藏“簿录”登记，“天府”“玉府”等府库内收藏各种重要物品，并有专职官员职守，宗庙也是收藏的主要场所。但是，最初收藏的目的只是祭祀、显示财富和装饰，所以不能称之为博物馆的雏形，然而通过这些收藏活动，却孕育了博物馆在我国出现的基础条件。

汉语“博物”一词，最早见于《左传·昭公元年》：晋侯闻子产之言，曰：“博物君子也。”与今义近似。关于博物馆在我国的起源，一种观点认为，博物馆作为一种文化现象，可以从两千多年前的曲阜孔子纪念地算起，孔子卒后次年（公元前 478 年）鲁哀公命将孔子故居作为纪念孔子的庙堂，收藏陈列孔子生前的物品，有人将这里称为我国最早的“博物馆”。虽然我国古代没有博物馆这一

① 此文发表于《中国建筑文化遗产 10》，天津，天津大学出版社，2013。

概念，但在相当长的历史阶段，文庙扮演了类似的角色，被看作博物馆的一种古典形态。从秦汉以来，历朝历代宫室收藏的古物数量大、精品多，而且受到封建法律的保护。这些古物通常与图书典籍保存在一起，汉代的天禄、石渠、兰台就是收藏古物和典籍的图书馆，此后历代都继承了这一收藏传统，例如隋文帝建妙楷台、宝迹台，分别保藏法书和名画。

唐朝首都东迁洛阳以后，有识之士将散落在唐长安城各处的碑刻和石雕，搜集在文庙，供后世观赏。“同时，也将四书五经镌刻在石碑上，陈列其中，为学而优则仕的书生提供学习经典典籍的标准版本。”[①] 大量与宗教有关的物品则被宗教机构收藏保管，例如在扶风法门寺地宫内发现的大批金银器皿、丝绸绫绢以及各种重要物品，等级高、品类多，是研究唐代政治、经济、文化、宗教的重要资料。宋代的秘阁、龙图阁、天章阁，除图书外，也藏有古画、墨迹或符瑞、宝玩之物。宋哲宗则在长安建“碑林”，存储汉魏以来的碑石。随着宫室文物数量的增加，宋徽宗建保和殿、稽古阁、博古阁、尚古阁，专门存储古玉、印玺、法书、图画和各种鼎彝礼器。清朝皇帝的收藏被按类编辑、记载，分为前世青铜礼器、玉器、书画、瓷器、文房用具、古书、杂项等七类。西藏布达拉宫也是众多精美物品的汇集场所，收藏有近万幅明清以来的卷轴画和大批石雕、木雕、泥雕等艺术品以及贝叶经、藏毯、卡垫、经幡、华盖、幔帐、陶瓷、玉器、金银器物等大批传统艺术品和其他重要历史文献。

从宋至明清，除皇室收藏外，以官僚、士大夫为代表的私人收藏也逐渐形成风气，但是他们的藏品仅供个人赏玩，多秘不示人。“纵观收藏史，所谓‘珍秘’‘子孙永宝’‘秘殿’‘秘室’‘雅

① 刘克成：《到博物馆去》，载《建筑与文化》，2007（2），10页。

陕西扶风法门寺

玩’‘清赏’之类的字样随处可见，可以说，中国收藏史同时也是私密的个人财富的聚集史。”[①]“从某种意义上说，宫室收藏带有‘国家收藏’的性质，然而它同样也缺乏相对的公共文化使命感，曾经有人撰文认为，如宋徽宗宣和内府的收藏，因为有固定的观摩欣赏活动，可以看作某种程度上的‘博物馆’，但是这样的观点忽略了一个事实，即那样的观摩欣赏活动和文人、士大夫之间的收藏交流并无不同。在乾隆时期，由于宫廷的大力搜罗，中国艺术史上大部分重要的作品都聚集在了宫廷，然而这种集中带来的直接后果却是这些作品在宫廷200年的沉睡，直到故宫博物院的成立。”[②]

虽然古代形态的“博物馆”在我国有着悠久的历史，但是现代意义的博物馆则是从西方传入后才逐渐发展起来的。1840年以来我

① 郭长虹：《公共性的缺失：中国博物馆发展史的缺环》，见《博物馆观察——博物馆展示宣传与社会服务工作调查研究》，142页，北京，学苑出版社，2005。
② 郭长虹：《社会发展与博物馆社会服务观念的变革》，见《博物馆观察——博物馆展示宣传与社会服务工作调查研究》，132页，北京，学苑出版社，2005。

国的近现代史是波澜壮阔、艰难曲折的历史，近现代博物馆的历史与中华民族的历史息息相关，是艰苦奋斗、独立自强的历史。

19世纪40年代前后，“博物馆”作为一种新鲜事物传入我国。以目前所见史料，汉语“博物馆”一词最早见于林则徐主持编译的世界地理著作《四洲志》：“……兰顿建大书馆一所，博物馆一所。”“……如分管武事，设立章程，给发牌照，开设银店，贸易、工作、教门，赈济贫穷，以及设立天文馆、地理馆、博物馆、义学馆，修整道路、桥梁，疏浚河道，皆官司其事。”此后博物馆之称逐渐通行于我国。

中国人最早见到博物馆并把它介绍给国人的是福建人林鍼，他在《西海纪游草》中记述了1847年在美国参观博物馆的所见所闻。这本书稿当时在福建等地广为流传，曾被时任洋务派闽浙总督的左宗棠等人注目存阅。1866年，清政府派出官员赴欧洲考察，外交官刘椿及其随员在欧洲参观了20多个博物馆，他们通过“笔记、记忆思索、叙述奇异”等方法和文字，向国人介绍了西方博物馆[①]。“19世纪后半叶，欧美近代博物馆进入中国人的视野之初，曾被称作‘公所’‘行馆’‘万种园’‘画阁’‘军器楼’‘积宝楼’‘集宝院’‘集奇馆’‘积骨楼’‘禽骨馆’‘古物馆’‘陈列所’等等，这种混乱正是源于博物馆的多元类型。后来名称逐步统一为相似的‘博古馆’‘博览馆’‘博物馆’‘博物院’，而以‘博物馆’最为通行。”[②]之后日本思想家福泽谕吉始用“博物馆”一词翻译并传入我国，逐渐成为“museum”的固定译语。段勇先生认为，这一译名可谓抓住了博物馆的两个基本特征：“博”与“物”。“博”就是多样性

① 于萍：《博物馆与博物馆文化传播》，载《丝绸之路》，2009（18），92页。
② 段勇：《多元文化：博物馆的起点与归宿》，载《中国博物馆》，2008（3），5页。

和多元化，“物”就是作为博物馆基础的内容。

我国真正意义上的博物馆比西方形成要晚。鸦片战争以后，由于清朝政府的腐败，国家逐渐沦为半封建半殖民地，外国列强势力侵占沿海许多城市，设租界，办洋行，建工厂，残酷地掠夺我国的经济和文化资源，我国境内的第一批博物馆，随着西方列强在华势力的增强，由外国人率先创办。早期外国人在我国建立的博物馆大部分由教会主办，1868 年，法国天主教耶稣会神父 P.M. 韩德（P.M.Heude）在徐家汇天主堂已收藏少量生物标本的基础上，创建“徐家汇博物馆”。这是外国人在我国创办的首家博物馆，亦是最早的自然类博物馆，藏品主要是长江中下游的动植物标本。徐家汇博物馆经费由教会支持，标本主要由教士搜集，藏品部分开放，起初须熟人引导方可参观，以后规定每日午后参观，不需要门票，只需投入名片获准后入内，并有专人导览。由于其对社会开放的一定限制，初办时影响较小。

清朝晚期，帝国主义掀起了瓜分中国的狂潮，他们在疯狂掠夺中国经济资源的同时，又肆无忌惮地进行文化侵略。苏东海先生指出：“这时中国已处于多国割据的殖民地状态下，也处于外国人在中国竞相建博物馆的潮流中。”“殖民者在殖民地建博物馆实际上是殖民文化的一部分，是服务殖民政治和殖民经济的，这是它的本质。”[①] 这一时期，法国、英国、美国以及日本人陆续在上海、天津、旅顺、大连等沿海港口城市以及我国西南和东北等地创办了一些博物馆，类型上基本都是自然历史博物馆。当时各国列强在我国办博物馆的目的，一方面是获取我国的自然文化资源，另一方面是了解和研究我国的经济社会状况。这些由西方传教士为主体在我国创办的博物馆，有浓厚的殖民侵略的烙印，因此它们均不能被认为是在

① 苏东海：《中国博物馆的传统与变革》，载《中国文物报》，2008-10-10（5）。

我国出现的真正意义上的博物馆。但是，这些博物馆逐渐将采集、研究的工作成果展示出来，开始向我国社会介绍西方博物馆的模式，也使我国一些民众直接了解到博物馆的作用。

早期具有现代意义的博物馆，开始于 19 世纪 70 年代，主要是为配合学习西方自然科学技术知识而设立。1874 年 3 月，英国皇家亚洲文会北中国支会在上海创办亚洲文会博物院，亦称上海自然历史博物院，藏品大部分为我国的物品，也有东南亚地区的物品，主要藏品有鸟类、兽类、爬虫类等自然标本，另有部分古物与美术品。较之徐家汇博物馆，上海自然历史博物院体现出相对广泛的社会性。博物馆开办后即向社会全面开放，免费参观，而运营主要靠各界人士的捐赠和工部局的津贴，这些津贴则主要来自租界的中外纳税人。随后 1876 年京师同文馆设立博物馆。1877 年后，上海格致书院建立“铁嵌玻璃房”博物馆，陈列由英国科学博物馆及比利时等国捐赠的各种科学仪器、工业机械、生物标本、绘图照相、水陆交通、天文地理、枪炮弹药、服饰等样品或模型组成，以供学生观摩，并对外开放。

在 19 世纪末 20 世纪初，面对内忧外患的民族危机，一批希冀变法图存的国人睁开眼睛看世界，开始在西方世界寻求救国救民的道路。其中，他们看到了开办博物馆是“开启民智，富国图强”的一个好办法。1895 年，康有为、梁启超在维新变法运动中，注意到博物馆的“以为益智集思之助”的重要作用，在上海强学会的章程中把“开办博物馆”列为重要项目并上报朝廷。1898 年，光绪皇帝接受了康有为“劝历工艺、奖募创新”的建议，规定对捐款办博物馆者“其款项数额达 20 万两以上者赏给世职，10 万两以上者赏给世职或郎中实职，5 万两及 2 万两者均有大小官职或赐给匾额”。这是清政府开始“重博物、兴办馆”的体现，从而掀开了博物馆在我国出现的序幕，也成为我国认识到博物馆重要性的开始。

20世纪初，清朝政府推行“新政”，实行“废科举、兴学堂、派留学”等改良措施，为博物馆的建设提供了社会环境。甲午战争后，随着旨在变法图强的维新运动兴起，建立博物馆成为一些维新人士的迫切主张。在一片奋发自强、教育救国的呼声中，不仅地方人士倡议兴办博物馆，江苏、山东、陕西、湖南、广东等省地方官吏也奏请建立博物馆。可惜的是康有为等人的建议以及对捐款办博物馆者的奖励办法，从提出上书到光绪皇帝同意，还没有来得及全面实施，就随着戊戌变法的失败，与“百日维新”一起夭折，建立博物馆的主张未能实现。但是，随着一批批我国知识分子到西方考察，西方的博物馆作为一种具有启蒙作用的新奇事物开始被越来越多地介绍到国内。康有为出访欧洲和意大利，对所到之处博物馆详细考察了解之后，写成了《意大利游记》一书。这是我国最早的关于博物馆学的论著，书中真实介绍了博物馆的保管、陈列、引导、建筑等问题。

这一时期，一些外国人继续在我国设立博物馆。其中有1904年英国伦敦教会在天津创办的华北博物馆，附属于新学书院，主要藏品为地质及矿物标本。此外还有天津的北疆博物馆（法国，1913年）、台北的台湾总督府民政部殖产局附属纪念博物馆（日本，1915年）、旅顺满蒙博物馆（日本，1917年）和成都华西协和大学博物馆（美国，1919年）等。其中北疆博物院注重学术研究，聘请一批外籍专家、学者到我国工作，时间长达20多年之久，行程近5万公里，遍及300余个野外地点的考察，整理研究具有开创性的野外发现，发表具有重要参考价值的论文专著，丰富了博物馆的内涵[①]。但

① 侯江，李庆奎：《1949年以前外国人在华创办的自然类博物馆》，载《博物苑论丛》，107页。

是总体来说，由于这些博物馆应有的社会功能不健全，开放程度不广泛，社会受益不普遍，面向公众的科学普及与教育作用远未发挥。其中一些博物馆因某种原因中途停办，有的则一直延续到 20 世纪中期。尽管如此，这些博物馆的建立，对我国近代博物馆的产生和形成依然有着重要影响。

天津北疆博物院旧址

在众多外国人在华创建的博物馆中，就规模与藏品的数量以及社会影响而言，济南广智院居于前列。1904 年英国基督教浸礼会的传教士 W. J. 萨瑟兰（W. J. Sutherland）等人，将原在青州“博古堂”收藏的标本、模型、图表等迁往人口更为密集的济南，兴建济南广智院，“广智院”，借“广其智识”之意。作为综合性博物馆，广智院的收藏十分丰富，包括动植物、矿物、生理、天然、农产及古物等 13 类，展出实物标本上万件。除基本陈列展览外，广智院每年组织关于农村卫生内容的临时展览。同时，每个礼拜日下午都举办演讲会，内容多以科学、卫生、哲学、宗教、道德等为主题，例如“栽森林何益”“天下之进步”“卫生之要道”等。正是由于丰富的展览内容及其对社会民众的亲和力，参观者络绎不绝。“1912 年，全年进行 931 次教育和布道讲演，每次听众 40~200 人不等，也为官立学校学生作专题讲演。”[①]1922 年，胡适先生参观广智院后在当天日记中详尽记述了广智院的历史和陈设，并写道：“此院在山东社会里已成了一个重要教育机关，每日来游的人，男男女女，有长衣的乡绅，有短衣或着半臂的贫民。”30 年代初，老舍先生定居济南时，曾多次到广智院参观，称其为“启迪民智的通俗博物院”[②]。1930 年前后，每年广智院的观众达到 40 余万人，几乎等于济南的人口数量。

山东广智院

① 侯江，李庆奎：《1949 年以前外国人在华创办的自然类博物馆》，载《博物苑论丛》，107 页。
② 李让，李文昌：《博物馆的记忆与想象》，北京，学苑出版社 ,2005。

外国人在我国土地上开设博物馆这一事实，既深深刺激了国人，也开阔了国人的视野，加快了人们追逐世界文明的步伐，博物馆在我国产生的条件已经逐渐成熟。面对帝国主义的侵略，为救亡图存，清末甲午科状元张謇毅然辞官回乡，走上了实业救国、教育救国的道路。1903 年张謇受邀参加日本的第五次劝业博览会，同时对日本自明治维新以来的教育体系进行考察和研究。在考察中，张謇发现日本的许多学校均设有相应的植物园或博物馆，并在参观日本的博物馆和博览会过程中受到很多启发，回国后多次上书清廷。在《上学部请建设帝国博物馆议》和《上南皮相国请京师建设帝国博览馆议》等著述中，主张在京师建立开放式的帝室博览馆，将中国历代宫廷内府藏品向国人展出，并向各省做出示范，“渐推行于各行省，而府而州而县”，试图运用国家的力量，把博物馆建设变为全国行动，将博物馆的建设同挽救国家的命运紧紧联系在一起。

张謇在吁请清政府创设博物馆的同时，针对博物馆文物标本的收集保管、陈列展示、运营管理等一系列问题撰写文章，提出了自己的看法。但是此举对于濒于崩溃的清王朝来说，已经难以实现。因此，张謇在京师建立博物馆的提议未被朝廷采纳之后，决心在家乡亲自实践。1905 年，在创办南通师范学校的过程中，张謇感到“博物馆不备，物理之学，无所取证”。于是，他就用自己的财力，在校河之西辟地 40 亩创建南通博物苑，自任苑总理。他征收了 29 家土地，迁坟墓上千座、民房 30 多家，建 3 幢楼房为南、北、中三馆，以藏历史、美术和天产三部之物，并附属教育方面的品物，向公众开放，供人们参观游览。由此，南通博物苑成为由中国人自己创办的第一座近代博物馆。

南通博物苑是一座以“民族的、科学的、大众的”为特征的最早的中国博物馆模式，在我国现代文化史上树立了一座丰碑，也开创了我国博物馆事业的新纪元。如果说张謇创办大生纱厂等企业是抵御帝国主义的经济侵略，那么他倡办博物馆则是为了抵御列强的文化侵略。张謇说：“今则绀发碧瞳之客，蜻洲虾岛之儒环我国门，搜求古物；我之落魄士夫醉心金帛，不惜为之耳目，稗贩驰驱。设不及时保存，护兹国粹，恐北而热河，东而辽东，昔日分藏之物，皆将不翼而飞。得弓既非楚人，归璧更无赵士。”其爱护祖国文物之情溢于言表，爱国之心令人敬佩。为了丰富南通博物苑馆藏，张謇首先捐出自己的私人藏品，并不遗余力地广泛征集，经过努力，不少社会名流捐出自己的藏品，两江总督端方就曾先后捐出文物 70 件，其中不仅包括青铜器、汉唐陶瓷、墓志、碑刻拓片，还有一些珍贵的埃及文物，张謇的好友欧阳予倩等人也纷纷为博物馆捐献。

江苏南通博物苑新展馆

南通博物苑出色地融中西文化为一炉，创造性地把历史陈列与我国的金石古器物收藏文化融为一体，把美术陈列与我国的书画传统文化融为一体，把标本、活标本的陈列与我国传统的苑囿文化融为一体，成为一座集自然、历史与艺术于一体的综合性博物馆，创造了博物馆中国本土化的第一个范本。南通博物苑有一套较为完整的规章制度，既体现了西方博物馆的科学性，又符合我国的具体情况。到 1914 年南通博物苑已初具规模，馆藏文物达 2 万余件，设天产、历史、美术、教育四部，陈列展品 2900 余件。美国现代化研究学者 N. 韦勒（N. Welle）指出，南通博物苑的“中心功能是创造了一个中国的标志，加入现代世界”[①]。令人惋惜的是，张謇去世后，由于经费、社会背景等诸多方面的原因，南通博物苑出现走下坡路的趋势。抗日战争爆发后，日本侵略者对南通博物苑又进行了毁灭性破坏，美丽的园林沦为日军的马厩，饲养的动物被疯狂掠杀。“苑内文物被日军劫掠、破坏殆尽。到抗战胜利时，饱经劫难的博物苑，已是断垣残壁，满目疮痍。”[②]

第一座博物馆建立后，我国博物馆事业的先贤并没有停下前进的脚步。1907 年，蔡元培赴德国莱比锡大学读书并研究民族学，其间所接触到的博物馆对其博物馆观的形成深有启迪[③]。蔡元培注意到博物馆在社会教育中不可估量的作用，并在演讲和文章中多次反复强调。1911 年辛亥革命以后，我国社会发生了新的变化，为近代博物馆事业的发展提供了有利的社会环境，出现了新的特点：一是博物馆被纳入国家的社会教育体系，初步确立了国家对博物馆的管理体制；二是建立国家博物馆，封建皇宫即皇家珍藏公开向社会开放；

① 陆嘉玉：《体悟南通历史文化名城之魅力》，载《江海文化研究》，2009（2），1 页。
② 李让，李文昌：《博物馆的记忆与想象》，131 页，北京，学苑出版社，2005。
③ 宋伯胤：《博物馆：学校以外的教育机构》，载《东南文化》，2010（6），6 页。

三是制定文物博物馆法令、规章，博物馆收藏与陈列水平明显提高；四是职业意识增强，建立了全国性博物馆团体，加强了博物馆学术研究；五是博物馆数量显著增加，类型趋向多样化①。“伴随着封建专制社会在东西方的瓦解，文物和艺术品从特权阶层解放出来成为公共资源，真正意义上的现代博物馆开始建立。”②

1912 年 1 月，南京临时政府成立，蔡元培担任教育总长，规定以民主共和为教育宗旨，推行教育改革，其中包括中央教育部设社会教育司，筹办各省的社会教育等内容。在社会教育中，单立一科专门负责博物馆、图书馆、美术馆、动植物园及搜集文物等工作。中央教育部首先决定在北京建立国立历史博物馆，并于 1912 年 7 月在蔡元培主持下，利用北京国子监旧址筹建，接收太学器皿等文物为最初的博物馆藏品。经过 14 年的艰难筹办，正式开馆，藏品达到 57127 件。1914 年，内政部接收奉天、热河两地清廷行宫的文物藏品，运到北京故宫武英殿、文华殿等处，成立古物陈列所。这是我国近代第一个以帝王宫苑和皇室收藏辟设的博物馆，首开皇宫社会化先例。随后，1915 年在南京明故宫旧址成立了南京古物保存所，陈列明故宫遗物。1918 年 7 月，国立历史博物馆迁至故宫前部端门至午门一带。

辛亥革命后，末代皇帝溥仪于 1912 年 2 月宣布退位。根据《关于大清皇帝辞位之后优待之条件》，清室继续占据紫禁城后廷达 13 年。1924 年 9 月冯玉祥发动“北京政变”，摄政内阁通过修正《清室优待条件》，并于 11 月 5 日驱逐溥仪出宫。随后摄政内阁令国务院组织善后委员会，与清室近支人员协同清理公产私产，“俟全部结

① 项隆元：《中国博物馆建筑的百年回顾与分析》，载《浙东文化》，2008 年创刊号，57 页。

② 刘克成：《到博物馆去》，载《建筑与文化》，2007（2），10 页。

北京国子监

束，即将宫禁一律开放，备充国立图书馆、博物馆等项之用，藉彰文化，而垂永远”[①]。1925年，“办理清室善后委员会”通过“故宫博物院临时组织大纲”，推荐蔡元培、熊希龄、张学良、黄郛、于右任等21人为董事，李煜瀛、易培基、陈垣、张继、马衡等9人为理事，于10月10日在乾清门广场举行盛大的故宫博物院成立大会并对外开放。当时媒体报道：“万人空巷，咸欲乘此国庆佳节，以一窥此数千年神秘蕴藏。”故宫博物院是一所集历史性建筑群与宫廷原有珍藏于一体的大型综合性古代文化艺术博物馆，也是利用具有特殊意义的古代建筑而建立博物馆的一个范例。

1933年，时任中央研究院院长的蔡元培，倡议创建国立中央博物院筹备处，并亲自兼任第一届理事会理事长，建院宗旨即为“为提倡科学研究，辅助公众教育，以适当之陈列展览，图智识之增

① 中国第二历史档案馆：《中华民国史档案资料汇编》，第三辑，293页，南京，江苏古籍出版社，1991。

进”，充分体现出正确的博物馆观。蔡元培先生主张博物馆公开开放，把精美的展品“公诸民众”。他指出“各国之博物院，无不公开者。即以私人收藏之珍品，亦时供同志之观赏”。出于教育的目的，为了使众多的观众能有机会到博物馆来，他还主张免费参观。这与博物馆作为一个“不谋利的机关”的性质相一致。对于博物馆的展品，蔡元培先生赞同分配展品中的重复品于各地博物馆，也赞同到各地包括农村，去办巡回展览。蔡元培从教育出发，明确博物馆的性质与任务及其在美育方面的重大作用。对博物馆的类型、各项主要业务和科学研究，都从理论上阐述了自己的见解，其最大特点是始终把握住博物馆是一个教育机关这个根本性质而立论[①]。蔡元培的博物馆观是20世纪30年代在我国出现的博物馆学理论，是我国博物馆史上一份可贵的遗产[①]。

蔡元培针对博物馆作为学校以外的教育机关，提出了具有时代特点的博物馆类型发展蓝图。主要包括：一是“科学博物院。或陈列各种最新的科学仪器，随时公开演讲。或按着进化的顺序，自最简单的器械到最复杂的装置，循序渐进，使人一目了然”。二是“自然历史博物院，陈列矿物及动植物标本与人类关于生理病理的遗骸，可以见生物进化的痕迹及卫生的需要”。三是“历史博物院，按照时代，陈列各种遗留的古物，可以考见本族渐进的文化”。四是“人类学博物院，陈列各民族日用器物、衣服、装饰品，以及宫室的模型、风俗的照片，可以作文野的比较”。五是“美术博物院，陈列各时代各民族的美术品，如雕刻、图画、工艺、美术，以及建筑的端片等，不但可以供美术家参考，并可提起普通人优美高尚的兴趣”。六是“植物园与动物园”。七是“大学博物院”。以上类型符合当时我国的

① 宋伯胤：《博物馆：学校以外的教育机构》，载《东南文化》，2010（6），6页。

实际需要。蔡元培在提出上述七个博物馆类型的同时，还提出各种类型博物馆的性质和任务以及陈列主题应该遵循的极为概括的科学原则。

陕西历史博物馆文物展品

在1912年至1937年的25年中，我国博物馆建设进入了高潮期，博物馆数量增长迅速。例如继交通大学成立北京铁道管理学院博物馆（1913年）之后，北京卫生陈列所（1915年）、保定教育博物馆（1916年）、江西省立教育博物馆（1918年）、山西教育图书博物馆（1919年）、教育部教育博物馆（1920年）、岭南大学博物馆（1923年）、京兆通俗教育馆（1925年）、两广地质调查所地质矿产陈列馆（1927年）等相继成立。这一期间博物馆的管理水平也有了相当程度的提高，例如1914年内务部制定的古物陈列章程17条与“办事细则”，对博物馆的机构设置、人员分工、文物陈列及库房保管程序等都有明确详尽的规定，加强了博物馆工作规范化水平。同时，博物馆技术水平也在迅速提高，例如北京铁道管理学院博物馆所制作的各种大桥涵洞模型，荣获巴拿马万国博览会大奖章，国立历史博物馆获美国费城博览会特别大奖奖状，推动了皇家宫苑的进一步开放。

在 1927 年至 1937 年的 10 年中，我国的博物馆事业发展迎来了第一个春天，经历了一个短暂的繁荣时期，可以称之为我国博物馆早期发展的黄金年代。特别是一批有影响的博物馆相继成立，各地陆续建立了一批省、市博物馆，主要有：1927 年筹备建设的河南省博物馆，广泛收集历史文物、民俗文物和各类自然标本，先后开辟安阳殷墟出土器物、新郑出土周代青铜器、洛阳古物、服饰民俗、动植物标本等陈列室，是中原地区最重要的博物馆；1928 年兰州市立博物馆成立，成为我国西北地区的第一个博物馆；同年，南京市历史博物馆成立；1929 年 2 月，广州市立博物馆成立，分古物、纪念、民俗、自然四部；同年 10 月，四川北碚成立峡区博物馆；11 月，在杭州西湖博览会基础上筹备成立浙江省立西湖博物馆。此后成立的还有天津美术馆 (1930 年)、广西省立博物馆 (1934 年)、上海市立博物馆（1937 年）等。同时，一些科学和文化艺术博物馆也相继建成。

至 20 世纪 30 年代初，我国的博物馆已经发展到 18 个省，博物馆的数量持续增长。据统计，1928 年全国有博物馆 10 所，博物馆职员 48 人。到 1936 年博物馆增加至 77 所，博物馆职员增加至 421 人。这一时期，社会各界还建立了一些各具特色的博物馆，例如北平天然博物馆（1929 年）、静生生物调查所通俗博物馆（1931 年）、青岛水族馆（1932 年）、厦门人类博物馆（1934 年）以及南京国民党史陈列馆（1935 年）等。这一时期，“中国首家博物馆”徐家汇博物院伴随文物藏品的增加，原有馆舍不敷应用。1930 年以后划归同属耶稣会的震旦大学管理，改名为震旦博物院。馆舍建筑为新式四层楼房，设有陈列、研究、试验、图书等四室以及植物园。其中有我国及东南亚地区动植物标本 6 万余件，金属器、玉器、陶器、古尸等文物藏品 5000 余件，1933 年冬正式对外开放。

伴随博物馆数量的增加，博物馆的业务活动也进一步活跃。主要表现为：一是藏品征集工作受到重视，藏品数量有了较快增长，例如北平历史博物馆原有藏品 5.7 万余件，到 1932 年入藏文物已达 21.5 万余件；二是展览活动增加，努力扩大观众数量，例如北平古物陈列所的稀世珍品随时改换，普通展品“或旬月一换或逢令节纪念等日减价期间，分别选择更易”；三是增强与外国博物馆的联系，参加国际展览活动，例如 1935 年 11 月故宫博物院、北平古物陈列所、河南省博物馆等机构的 1022 件文物精品参加了伦敦中国国际展览会；四是编印出版馆刊，例如《历史博物馆丛刊》（1926 年）、《故宫周刊》（1929 年）、《美术丛刊》（1931 年）、《浙江省立西湖博物馆馆刊》（1933 年）、《河南省博物馆馆刊》（1936 年）。同时一系列关于博物馆学的著作问世，例如陈端志编著的《博物馆学通论》等，从理论上对我国博物馆事业给予指导和推动。这一时期，博物馆事业的另一个特点是，开始筹设综合性的大型国家博物馆，例如 1933 年 4 月成立国立中央博物院筹备处，傅斯年为筹备处主任；1936 年成立理事会，蔡元培为理事长。

从博物馆诞生到博物馆在我国生根、发芽、成长，中间经历了许许多多困难与艰辛。在张謇之后，“其他早期的博物馆学者，如林惠祥、韩寿萱、曾昭燏、傅振伦、郑振铎，还有亦官亦学的王冶秋等，也都是专家兼博物馆事业的实践者。他们对于中国博物馆学的贡献，大都是在实践中研究探索博物馆的实际工作，而不是在办公室里、书斋里苦思冥想”[①]。1935年9月，中国博物馆协会在北京成立，确立“以研究博物馆学术，发展博物馆事业，并谋博物馆之互助为宗旨”，编印出版了《中国博物馆协会会报》。但是，我国博物馆早期发展的“黄金年代”并未维持多久。随着抗战爆发，国难日深、烽烟不断，我国博物馆事业发展的国内环境日渐恶化。

1937至1949年的12年间，我国广大城乡基本在战争中度过，国运多舛、战乱频生，战争和动乱使社会经济、文化教育遭到很大的破坏。在当时的国内局势下，积贫积弱的国家既然“放不下一张平静的课桌”，自然也无法让博物馆独善其身，我国博物馆事业发展进入低迷时期。随着国土的大片沦陷，全国博物馆数量锐减，由1936年高峰时期的77座逐年下降，1937年为42座，1938年为37座，至1945年只剩12座。敌伪大肆疯狂掠夺文物，据战后1945年10月国民党统计战争中公私文物损失情况，计文物损失3607074件，又1870箱，古迹741处，由此可见损失之惨重。在烽火弥漫的岁月里，上海市立博物馆毁于炮火，南京中央博物院被迫停建，初创时期的我国博物馆事业损失严重。中国博物馆学会也随着日寇的入侵而名存实亡。

抗战胜利后，我国博物馆事业有所恢复，但是随之而来的内战爆发，致使通货膨胀，民不聊生，博物馆事业再次进入衰落阶段。在国民党政府南逃之际，大批文物被运往台湾。从1948年冬天起分批将故宫博物院的器物、书画、图书文献597423件，中央博物院文

① 刘毅：《关于博物馆学研究对象的思考》，载《东南文化》，2010（1），83页。

物 11562 件以及中央研究院历史语言研究所的文物 976 箱运至台湾。直到 1949 年，全国留存的博物馆也仅有 21 座。然而，这一时期在解放区开始了博物馆的恢复工作。1948 年东北人民政府文物管理委员会接收了“国立沈阳博物馆筹备委员会古物馆”，并于 1949 年 7 月正式成立了东北博物馆，成为中华人民共和国建成开放最早的一座博物馆。

二、我国博物馆事业的当代发展

中华人民共和国成立后，来之不易的国内和平为我国的博物馆事业创造了前所未有的发展条件。1949 年至 60 年代初，是博物馆事业奠定基础并充满发展生机的时期。国家重视发展博物馆事业，使之成为科学文化事业的组成部分，因此对旧中国留下的博物馆进行接管改造也势在必行。各级政府在接管各地公立博物馆的同时，也接管了外国人在我国办的博物馆，重新确定博物馆性质，明确办馆方向；改造陈列内容，清除缺乏历史、科学与艺术价值的封建性、殖民地性糟粕，举办新的陈列展览；对原有藏品进行清理，建立科学保管制度。到 1952 年基本完成了对旧有博物馆的整顿改造，从此博物馆发生了质的变化，开始走上健康发展的道路。中央政府成立之初就发布了一系列法令保护珍贵文物和文化遗址，在文化部内设立了文物事业管理局，作为专门管理全国文物博物馆事业的行政机构。1951 年 10 月文化部颁布了《对地方博物馆的方针、任务、性质及发展方向的意见》，在经济困难的情况下仍然拨款发展博物馆事业。

20 世纪 50 年代，我国博物馆与国际博物馆界之间的联系，主要限定在前苏联和东欧部分国家，特别是对于前苏联的博物馆理论以及方法几乎全部照搬。因此，在某种程度上，我国博物馆事业发展受到了一定的制约，也失去了了解和追踪世界先进博物馆管理经验的机会。我国的博物馆学研究开始较晚，虽然在 20 世纪 30 年代已有学者开展博物馆学的初步研究，但是博物馆学真正形成则是在中华人民共和国成立以后，以借鉴前苏联模式为基础开展博物馆实践与理论研究。“苏联博物馆学有鲜明的意识形态特征，但也有十分严谨、科学的一面。苏联博物馆学的收藏理论和收藏方法，陈列理论和陈列方法以及博物馆的科研、博物馆管理的一套方法，对我国博物馆发展的影响是很深的。”[①]

这一时期建立了一批省级地志博物馆和纪念性博物馆，初步奠定了博物馆事业的基础。地志博物馆是学习苏联博物馆经验在 50 年代初开始创建，又称综合性博物馆，以当地的“自然资源”(包括地理、民族、生物、资源等)、“历史发展(包括革命史)”、“民主建设(包括政治、经济、文化等方面的建设成绩)”等三部分为博物馆的主要内容。1951 年，由裴文中、贾兰坡等专家指导的“原始社会陈列”正式展出，该展览是我国博物馆最早运用唯物主义观点组织历史陈列的尝试，以此为起点，“中国通史陈列”各个历史阶段的陈列也开始酝酿并进行了预展。

1954 年文化部确定以山东省博物馆为试点，进行地志博物馆筹备工作。1956 年 2 月，山东省博物馆完成包括“自然环境和自然资源”“历史发展”与“中华人民共和国时期”三部分内容的地志性基本陈列，标志着我国第一座省级综合性博物馆建成。此后，各省陆续筹建综合性博物馆共计 31 座。随着国民经济的恢复发展，博物馆

① 苏东海：《博物馆的沉思》，见《苏东海论文选（卷二）》，102 页，北京，文物出版社，2006。

数量不断得到恢复和增长。1956 年，仅文化文物系统的博物馆即达 72 座，除青海、西藏外，各省、自治区、直辖市都有了博物馆，基本上改变了旧中国博物馆集中在少数城市的不平衡局面，博物馆布局和类型等均朝着更为合理的方向发展。这一时期，全国博物馆文物藏品总数不断增加，达到 350 多万件，每年观众数量达到 1200 万人次。

山东博物馆

安徽省博物馆是建立较早的省级博物馆。1953 年 4 月安徽省政府决定将原合肥科学馆、文物馆，芜湖科学馆、文物馆四馆合并，成立“安徽博物馆筹备处”，1956 年 2 月，建筑面积达 11580 平方米的陈列大楼竣工，所举办的历史文物、革命文物、工农业建设等陈列展览，引起很大反响。毛泽东、周恩来、刘少奇、朱德、邓小平等国家领导人相继参观视察，1958 年 9 月 17 日，毛泽东主席在历时近三个小时观看了全部陈列展览后，指出“一个省的主要城市都应该有这样的博物馆。人民认识自己的历史和创造的力量是一件很要紧的事”。同时，在我国思想教育中起特殊作用的纪念性博物馆，成为博物馆的重要组成部分，数量不断增加。例如上海鲁迅纪念馆（1951 年）、杜甫草堂纪念馆（1953 年）、中国共产党代表团梅园新村纪念馆（1954 年）、遵义会议纪念馆（1955 年）等。至 1957 年纪念性博物馆达到 23 座。在这些纪念性博物馆中，名人故居、历史事件旧址等建筑遗存既是文物保护对象，又是博物馆的主要展示场所。

为了总结这一时期博物馆建设的经验，1956 年 4 月召开了全国博物馆工作会议，这是我国博物馆发展历史上的第一次全国性会议。1957 年 4 月又召开了全国纪念性博物馆工作座谈会。这两次会议，对博物馆建设具有重要指导作用，推动了博物馆事业的进步。1958 年 9 月以后，全国各地掀起了建立博物馆的热潮。首先在北京开始兴建中国历史博物馆、中国革命博物馆、中国人民革命军事博物馆、北京自然博物馆等大型专业博物馆。各省市纷纷建立或扩建历史类博物馆或综合类博物馆，全国建立起一批地区、市、县级的中小型博物馆和各具特色的专题博物馆，例如西安半坡博物馆、泉州海外交通史博物馆、南阳汉画馆、自贡市盐业历史博物馆等，我国博物馆建设进入新的高潮。

1958 年，大跃进的浮夸风吹遍全国，博物馆事业也一度出现了“大跃进”，一夜之间，博物馆在中国大地上遍地开花。于是人们看到，十几元钱就能办起一座博物馆，几天之内就能建成开放博物馆的报道屡见不鲜，不到一年的时间，我国的博物馆数量就由 1957 年的 73 座发展到 937 座，当时的报刊以《我国博物馆发展盖过英国》进行了报道。从当时的报道中还可以找到这样的记录：“县以下的展览馆、展览室和展览活动，更是几乎普及每一个人民公社、每一个管理区和生产队，初步形成了全国的博物馆展览馆网。”“据不完全的统计，1958 年全国县以上博物馆、展览馆的观众为两亿多人次，比 1957 年增加十八倍多 。”事实上，这些博物馆不但名不副实，而且博物馆展览内容和经济热点相关联，成了浮夸之风的展示场，博物馆建设偏离了博物馆的本质，偏离了科学的实事求是态度，被当作弄虚作假的场所，极大地歪曲了博物馆的形象。随着国家经济迅速进入调整期，博物馆的“大跃进”也仅仅持续了 3 年。

为了纠正博物馆发展中出现的问题，从 1961 年起在全国范围内对博物馆工作进行了调整。首先关闭、合并了一大批水平极低的博物馆，其中全国文化文物系统的博物馆就由 1959 年底的 480 座调整到 200 座左右。鉴于国内总体形势，国务院分别于 1960 年和 1964 年两次出台政策限制一切非生产性建设，其中 1964 年国务院颁布的《关于严格禁止楼堂馆所建设的规定》影响时间很长，一直到“文革”结束。因此，这一时期内，包括博物馆在内的文化类项目的建设屈指可数。这一时期博物馆加强自身建设，调整博物馆内部关系，整顿机构，精简人员，对文物藏品进行清理、分类、定级，对陈列展览进行修改，加强文物保护工作和人员培训工作。但是，在其后的“社教运动”中，“博物馆不甘落后，一窝蜂也搞起了阶级教育展览馆。为了完成政治任务，此类馆大多粗制滥造，后来‘阶教馆’很多在短时间内销声匿迹，便是证明。至于有的地方为了达到强烈的对比效果，不惜弄虚作假就更是违背了博物馆的宗旨”[①]。

伴随着政治运动的不断开展，博物馆为政治服务的倾向日益突出，工具色彩浓厚，文化功能不强。随后的“十年动乱”，更使国家经济社

① 《中国博物馆体制机制改革研究报告》，见《博物馆免费开放调研报告汇编》，28 页。

会遭受巨大损失，也使博物馆的正常业务被迫中止，博物馆发展刚刚出现的良好局面受到挫折。大部分博物馆的基本陈列被撤销，多数博物馆被迫关闭，很多地方博物馆甚至机构被撤销或裁并，博物馆设施也被改作他用，到1969年，我国博物馆数量已经减少到171座。同时，由于“文化大革命”时期，我国博物馆界与外界隔绝，对于20世纪70年代国际博物馆界在理论和实践方面的变革，几乎一无所知。

1970年国务院正式批准恢复博物馆工作，决定筹办出土文物的大型展览。1971年5月，故宫博物院重新开放。1971年7月，国家批准筹办出国文物展览，这一措施，不但有力推进了我国的外交工作，密切了我国与国际社会的关系，而且在特殊情况下，为博物馆事业的恢复和发展汇聚了人才资源。1973年以后，各地博物馆陆续恢复，重新开展基本陈列的研究工作和文物藏品保管工作，在一定程度上挽回了“文化大革命”对博物馆事业造成的损失，但是直到1976年博物馆的数量仅恢复到263座。这一时期，我国的博物馆工作者在极其困难的条件下，为保护祖国优秀文化遗产开展博物馆学术研究，做出了不可磨灭的贡献。

1978年以来，我国进入改革开放和现代化建设的新时期，发生了举世瞩目的巨大变化。博物馆事业也形成了繁荣发展的新局面，博物馆学研究有了进一步发展。1978年省、市、自治区博物馆工作座谈会召开，这是自1956年全国博物馆工作会议之后的又一次全国性博物馆会议。1979年，国家文物事业管理局颁布了《省、市、自治区博物馆工作条例》。20世纪80年代，随着国际间文化交流的逐步加强，我国博物馆界的视野逐渐开阔，发达国家先进的科学技术、展示手段、办馆理念不断被借鉴和应用到博物馆的实践当中。其间，南开大学于1980年正式建立了全国第一个博物馆学专业。

1982年，《中华人民共和国文物保护法》颁布实施，标志着我国文物博物馆事业迈出了新的步伐。同年中国博物馆学会成立，并于1983年7月走出国门主动寻求与国际博物馆协会建立联系，在伦敦举行的第13届国际博物馆协会大会上正式成为国际博物馆协会大家庭中的一员。我国积极参加国际博物馆协会的活动，与国际博物馆界的交流与合作日益频繁。中国博物馆学开始借鉴西方博物馆学发展的经验，相关专业书籍的出版和专业期刊的问世，体现出我国博物馆学新的发展成果。这一时期，博物馆的数量和种类有了较大幅度的增加，与博物馆有关的规章制度也开始逐步加紧制定，1985年、1986年相继颁布《革命纪念馆试行条例》《博物馆安全保卫工作规定》《博物馆藏品管理办法》等规章，进一步促进了博物馆的调整、改革、整顿、提高。

江西井冈山革命博物馆

全国文物系统的博物馆从1978年的349座，到1983年的467

座，1990年博物馆的数量更是迅速增加到1013座，平均每年约增加80座，加上其他部门和行业举办的博物馆，全国博物馆的数量达到1400多座。不仅数量可观，就规模、类型、布局而言，也形成了具有一定学术内涵和独立的文化支撑体系。大量新建的博物馆已经改变以往文物库房加展厅的简单模式，博物馆馆舍更加现代、设施更加健全、功能更加完善、展览更加丰富、服务更加周到。文物系统博物馆1983年举办陈列展览1476个，1990年达到4114个。全国博物馆观众人数也从1982年的4410万人次，达到1990年的1亿人次。

进入20世纪90年代后，博物馆迎来快速发展时期，国家和地方各级财政大幅度增加了博物馆工作经费。从1991年第一个大型现代化省级博物馆陕西历史博物馆建成开放，至1996年上海博物馆新馆落成而形成高潮，缩短了我国博物馆与世界发达国家博物馆的差距，博物馆的藏品保护、陈列展示、社会教育、科学研究水平也有了大幅度提高。上海博物馆自身定位为现代化大都市中的历史艺术博物馆，将博物馆的三大功能简化为依靠高新技术的收藏、保管功能，形成学科发展优势的研究功能，面向现代社会的现代传播教育功能。因此文物藏品征集、科学研究和陈列展览，乃至专门人才的培养、社会服务、文化传播等都围绕博物馆定位展开，并通过科学、严格的管理，最大限度地聚合和发挥人、财、物等资源的效益，策划和实施一系列具有影响的陈列展览和其他行动，实现所设定的博物馆定位，并有效地发挥博物馆的社会作用。

1997年国务院印发《关于加强和改善文物工作的通知》，要求确定并建设好一批重点博物馆，全国各地开启了新一轮博物馆建设的高潮。全国文化文物系统的博物馆从1991年的1075座，增长到

2000年的1397座，加上其他部门和行业创办的博物馆，全国博物馆总数达到2000余座。随着文化与科学技术的发展，博物馆的数量和种类越来越多。1997年，我国首批民办博物馆在北京正式挂牌，改变了我国公立博物馆一统天下的格局；1998年，首座生态博物馆在贵州六枝梭嘎乡建成开馆，填补了我国生态博物馆的空白。这一阶段将博物馆划分为历史类、艺术类、科学与技术类、综合类等4种类型。划分博物馆类型的主要依据，既是博物馆藏品、展示、教育活动的性质和特点，也是博物馆的服务对象。

进入新的世纪，我国博物馆的历史不断地被改写，博物馆事业在制度建设、数量增长、类型结构等方面均有了突飞猛进的发展，取得了重大成绩。今天，博物馆以完善的体系、丰富的藏品、新颖的展览、多种形式的教育活动、活跃民主的学术气氛、日益提高的管理水平，成为普及科学知识、树立社会正气、塑造美好心灵的生动课堂。特别是博物馆积极融入社会、服务社会的理念逐渐成为自觉行为，更新服务理念，强化服务意识，充实服务内容，社会功能显著增强，公共文化服务能力迅速提升，加快了融入社会生活的步伐，对于丰富人们的文化生活和文化交流发挥着重要的作用。同时，国家财政和各级政府大幅度增加对博物馆事业的投入力度，使博物馆的资金压力得到明显缓解，博物馆的功能得到明显拓展，博物馆的社会影响力得到明显加强。但是，在我国博物馆现行的体制机制形成之初，明显缺乏对现代博物馆管理经验和相关知识的积累，缺乏建立成熟的博物馆体制机制的认识能力，这就必然导致我国对博物馆管理体制及运行机制的设计存在种种疏漏。

在博物馆的制度建设方面，涉及博物馆各方面工作的法规规章和规范性文件相继出台，在立法数量增加的基础上，强化立法的质量，搭建起博物馆事业的基本法制框架，并逐渐使法制化管理的覆盖范围贯穿博物馆系统管理的全过程。2000 年 9 月，北京市人大常委会通过《北京市博物馆条例》，这是我国首部关于博物馆管理的地方性法规。2001 年，《文物藏品定级标准》开始施行。2005 年 12 月，《博物馆管理办法》发布实施，成为我国博物馆事业管理的基本规范，结束了长期以来没有统一的博物馆管理部门规章的历史，首次明确了博物馆的定义、性质和地位，确立了博物馆的设立、年检和终止制度，对文物藏品管理、展示与服务提出了系统的专业要求。同时，《文物认定管理办法》《可移动文物技术保护设计资质管理办法（试行）》和《可移动文物修复资质管理办法（试行）》等一系列政策法规公布实施。博物馆管理更加制度化、规范化，逐步走上了法制化的管理轨道。

但是，目前我国博物馆管理领域缺乏一部专门性的法律法规，成为制约我国博物馆管理水平的重要因素。在现行法律法规中，《中华人民共和国文物保护法》虽然是最高层级的法律，却并非针对博物馆的专门立法，而且涉及博物馆管理的内容相对较少；《博物馆管理办法》虽然是针对博物馆的专门规定，但是作为部门规章，在法律效力体系中的层级较低。同时，关于博物馆建筑设计、藏品保护、陈列展示、教育传播、开放服务等相关标准规范体系建设滞后。因此，《博物馆条例》亟待出台，而且在该条例实施之后还应及时总结经验，尽快升格为全国人大常委会制定的《博物馆法》，从而提高我国博物馆管理的法治化水平。

在博物馆的数量增长方面，随着综合国力的增强，博物馆的规模快速增长，博物馆的数量大幅增加。全国博物馆总数 2000 年为 2000 余座，2010 年的全国博物馆年检结果表明，全国博物馆总数达到3415座，全国博物馆从业人员6万余人。各省、自治区、直辖市和省会城市，都相继建设了现代化的新馆，地市级的博物馆数量也在迅速增加。全国博物馆每年举办陈列展览14000个以上，接待观众4亿余人次。2010年全国博物馆文物藏品总量达到2864.22万件/套，其中一级文物67209件/套。博物馆的地域分布更加广泛，我国西部12个省区拥有的博物馆总数超过500座，改变了过去博物馆过多集中在东部和中部一些大中城市的不平衡局面。2008年全国范围推动博物馆免费开放以来，已有1893所博物馆免费开放，三年共接待观众13.4亿人次，其中2010年博物馆观众人数达5.21亿人次，不少博物馆的观众增量达到免费开放前的数倍，特别是低收入群体、未成年人、老年人等观众群体明显增加，取得了良好的社会效益。

澳门叶挺将军故居

但是，目前“中国博物馆的总量和人均量，与中国人口大国和文明古国的身份严重不符”[①]。我国博物馆的数量与我国的社会发展水平、文化遗产保护需要和公众日益增长的精神文化需求相比，还有相当大的差距。统计表明，我国国民一年中平均使用在博物馆的参观时间不足8小时，而且还有许多民众一生中一次都没有踏进过博物馆。同时，在陈列展览方面，博物馆拥有巨大潜力，目前全国平均每座博物馆每年只举办4个展览，与发达国家的博物馆相比，文物藏品合理利用方面存在差距，特别是一些大型博物馆每年陈列展览的文物展品，只占所拥有文物藏品的1%。

在博物馆的类型结构方面，体系日臻完善，类型日益丰富，结构日趋多元，形成了门类齐全、分布广泛的博物馆体系。综合类、社会历史类、军事类、名人类、艺术类、自然类、地矿类、科技类、产业类等多种类型的博物馆竞相辉映。同时，一方面由于社会经济的发展和考古发掘取得的成果，社会科学和自然科学研究的进展，使各部门、各系统、各行业掀起建设专题博物馆的新高潮，例如地质、煤炭、纺织、农业、教育、水利、园林、邮政、航空、金融、银行、证券、消防、军事、警察等行业博物馆和民族、宗教、民俗、戏曲、电影、丝绸、印染、茶叶等专题博物馆大量兴建，特色突出、各具魅力。近年来，遗址博物馆、生态博物馆和社区博物馆等新型博物馆的建设也进一步取得共识。另一方面，民间兴办的博物馆也有较快发展，各地经核准设立的民办博物馆，2001年为131座，2010年则达到456座。一些企业、团体、公民个人以各自收藏兴办的博物馆，社会力量兴办的博物馆日渐增多，办馆主体呈现多元化，丰富了人们的生活视野，已经成为我国博物馆事业的重要组成部分。

但是，目前我国博物馆的类型分布上，综合类和历史文化类博

① 陶斯咏：《中国人的博物馆意识有点缺》，载《环球时报》，2010-05-17（15）。

物馆约占70%，而具有鲜明地域特征和文化个性，与地域文化和社区发展有效结合的专题博物馆数量较少。我国博物馆事业的主体还是各省、市由文化文物部门主办的博物馆，这部分所占比重也大约在70%。虽然各个行业部门及民间兴办的博物馆发展迅速，但是在我国整个博物馆领域所占比例不到30%。在社会功能的发挥上，具备一定基础设施和展示开放条件的博物馆约占80%，基础条件较差、不能正常开放的“挂牌馆”约占20%，能够给人们以强烈精神震撼和丰富知识力量的博物馆还不多，而一些博物馆长年门庭冷落，“处于被市民遗忘的境地”。

今天，制约我国博物馆事业发展的因素，正在由博物馆之外的外部因素向博物馆本身的内部因素转变。提升博物馆发展质量，已经成为实现博物馆可持续发展的头等大事。因此，在保持我国博物馆数量快速增长的同时，应对博物馆发展质量予以持续关注。一是加快博物馆立法进程，依法推进博物馆建设，规范、引导博物馆健康发展。二是转变行政主管部门对博物馆的管理方式，健全博物馆法人治理结构。三是明确博物馆属于知识、技术密集型文化教育机构，建立博物馆从业资格制度。四是加大公共财政扶持力度，建立博物馆经费保障机制，探索与绩效挂钩的动态扶持激励机制。

近年来，结合我国相关法律规定，综合比较国际博物馆协会及其各国博物馆的定义，不断深化对于博物馆的基本属性和博物馆的基本功能的认识。在博物馆的基本属性方面，一是强调非营利性。将博物馆规定为非营利机构，其根本思想是要强调博物馆是代表社会最广大民众利益的社会公益事业机构。我国2006年施行的《博物馆管理办法》以法规条文的形式规定博物馆是“向公众开放的非营利性社会服务机构”。二是强调永久性。随着人类社会的不断发展，博物馆需要持续开展文物藏品征集、保护、管理，以及文物藏品的历史、科学或艺术价值的研究。同时，博物馆的观众群体不断发展、永续存在，博物馆应该持续地为观众提供陈列展览、教育和服务。三是强调开放性。博物馆的文物藏品是珍贵的文化资源，向社会公众开放，可以充分发挥文物藏品的作用。社会公众可以直接或间接利用博物馆藏品，满足他们职业的或业余的研究、学习及欣赏需要，也为博物馆自身的发展和科学水平的提高创造条件。四是强调社会服务性。为社会服务是博物馆的宗旨。博物馆为社会服务的内容可归纳为专业服务和休闲服务两方面。专业服务主要是指为教育、科学研究、咨询等提供服务；休闲服务主要是指为观众提供服务项目和服务设施，使观众在博物馆获得心情舒畅的参观体验。

在博物馆的基本功能方面，一是强化文物藏品征集与保护。文物藏品是博物馆业务活动的物质基础，无论是陈列展览、科学研究，还是社会服务、文化传播等，都离不开文物藏品。博物馆藏品的数量和质量，直接影响到博物馆的业务水平和社会效益。因此博物馆应不断补充和丰富文物藏品，并且对文物藏品进行有效保护。二是强化科学研究。科学研究是博物馆生存与发展的生命力所在。博物馆各项业务活动的开展应始终坚持在科学研究的基础上进行，并与本馆使命定位相符合，结合博物馆工作的需要进行，充分整合科学研究力量，加强开放合作与交流，不断提高科学研究水平。三是强化展示传播。陈列展览是博物馆实现其社会功能的主要方式。陈列展览不仅是博物馆沟通观众、服务社会的手段，也是其收藏、保管、研究和服务水平的集中体现。丰富多彩的陈列展览，能使社会公众在博物馆得到更多的科学知识和文化艺术享受。四是强化教育服务。宣传教育不仅是博物馆联系社会、服务社会的重要纽带，也是博物馆的根本宗旨与价值所在。博物馆通过文物展品，向观众形象地传播科学和文化知识，让观众了解人类自身、历史和自然科学，提高人们对自然与社会的认知度，为社会及其发展服务。

黑龙江铁人王进喜纪念馆

严建强先生认为，与此前的半个世纪相比，当代中国博物馆事业的发展将建立在一种变化的形势基础上，这些变化主要包括：一是综合国力特别是经济实力的大幅提升，为博物馆建设提供了更雄厚的物质基础；二是国家的社会发展政策将博物馆建设纳入建设学习型社会、提升国家软实力的轨道，社会上将博物馆纳入国民教育体系的呼声日渐高涨；三是人们对文化消费的需求日趋旺盛，渴望通过利用文化遗产来丰富自己的学习生活，以便充实知识、拓展视野、提高生活品质；四是随着博物馆学研究的深入和国际交流的频繁，新的博物馆理念及技术的引入，强化了博物馆经营与运作的技术支持。这些变化为我国博物馆事业的发展带来两方面影响。一方面是国家和社会对博物馆建设的投资力度加大，使建设更高质量的博物馆成为可能；另一方面，人们对传统博物馆所扮演的角色不再满意，渴望有更有效地满足自己需求的新型博物馆[①]。

今天，我国博物馆在发展实践中，正在逐渐解决博物馆在文化事业中的地位、性质和经费来源等发展过程中的重要问题，进一步深化博物馆的基本属性和基本功能，并对以往发展过程中被忽视的一些问题进行重新规范，推动博物馆事业向科学化和现代化迈进。但是，当前博物馆事业发展还面临着诸多问题，诸如博物馆资源的利用效率不高，博物馆的质量控制缺乏相应的标准规范，博物馆的人才队伍建设滞后，博物馆的公众参与热情不足，博物馆的文化特色不够突出，博物馆的资金来源渠道单一，博物馆的交流合作亟待加强等。这些问题产生的原因在于博物馆管理制度、改革意识、服务理念相对滞后，反映出我国博物馆的管理体制和运行机制不尽如人意，制约着我国博物馆的专业化功能发挥和社会化职能加强，也使我国博物馆的国际竞争力与发达国家相比还有相当大的差距。

2010 年 11 月 7 日，为期 6 天的国际博物馆协会第 22 届全体会议在上海世博中心隆重开幕，这次会议对于展示我国博物馆事业的发展成就，扩大我国博物馆界与国际博物馆界的交流与合作，推动我国的博物馆在国际博物馆大家庭中扮演更活跃、更重要的角色具有重大的意义。但是，我国博物馆界同行并没有将国际博物馆协会全体会议在上海召开单纯定位为承办一次国际会议，而是希望构筑起一个良性互动的平台，在学习借鉴国际博物馆的先进理论和成功经验的同时，为国际博物馆事业的发展和进步做出我国博物馆界的

① 严建强：《信息定位型展览：提升中国博物馆品质的契机》，载《东南文化》，2011（2），7 页。

独特贡献，并希望国际博物馆协会会议为我国博物馆可持续发展留下更多的“遗产”。

为此，早在2010年5月笔者就向国际博物馆协会总干事提出准备《上海宣言》(全称为《关于博物馆致力于和谐社会发展的上海宣言》)并争取在大会上予以通过的建议，得到了国际博物馆协会领导层的积极响应。2010年11月12日，国际博物馆协会全体会议在地域、文化、学科多元的环境下，一致表决通过了大会第1号决议，即《关于博物馆致力于和谐社会发展的上海宣言》。该宣言虽然篇幅不长，但是基本上代表了国际博物馆界对博物馆社会角色的认识水平，通过历史与现实、宏观与微观、巩固与创新、警示与鼓励的有机联系，较好地兼顾了专业性、国际性和平衡性，最大限度地体现出开放性和包容性，反映出全球性国际专业组织的特征，勾勒出未来几年博物馆致力于社会和谐发展的基本轮廓，被认为是国际博物馆协会凝聚各方智慧和共识的一项重要成果。《上海宣言》的积极意义在于，国际博物馆协会这一世界上最具权威性的博物馆组织，以决议的形式，无论在深度还是广度上，都前所未有地强化了对当代博物馆社会角色与使命的认知，可以预期《上海宣言》将对国际博物馆的未来产生重要影响。

《上海宣言》从四个方面阐述了国际博物馆协会的主要立场。一是对博物馆外部环境的认识问题。在重新确认国际博物馆协会1974年第一次提出的“博物馆是一个为社会和社会发展服务的机构”的同时，提示人们36年来“社会”所发生的演进与变化，而这些演进与变化正是博物馆发挥社会功能的外部条件，即新的社会环境要求博物馆为社会的和谐发展做出新的贡献。二是博物馆在社会和谐发展中的基本道德坐标和资源范畴问题。宣言重申并强调，

2004年修订的《国际博物馆协会职业道德准则》所列8条原则和1998年联合国教科文组织《世界文化报告》框架是博物馆职业行为以及处理文化多样性、不同的遗产类型等问题的基本支撑。三是博物馆在5个具体领域的行为取向问题。宣言对“文化特性的认同与尊重”“博物馆知识的共有与共享”“博物馆作为国际跨文化交流的大使”“全球化时代博物馆的文化兼容”和“新型的国际博物馆合作模式”等问题阐述了国际博物馆协会的立场。四是核心结论“博物馆是社会和谐发展的原动力”。宣言以国际博物馆协会的名义，宣告博物馆作为促进社会和谐发展的原动力的重要价值，提出所有的个人和群体都可以自由地、积极地参与到博物馆中来，共同维护人类留给后世的独特的、不可替代的遗产。

我国博物馆事业经过百年的发展，已经呈现出喜人的景象，特别是从1978年改革开放至今的30余年，是我国历史上博物馆发展的最好时期，取得了前所未有的成就。中国博物馆的崛起是国际博物馆界令人瞩目的大事。苏东海先生指出：“中国博物馆的历史并不算长，但是中国博物馆在一百多年的奋斗史中，有着非凡的经历。中国博物馆诞生在殖民地、半殖民地的水深火热之中。在长达半个多世纪的革命与战争的烽火中，中国博物馆保护文化遗产的那些传奇式的壮举令人感动不已。故宫文物在战火中易地保护，万里长征式的经历，比欧洲国家在二次大战中易地保护文物早了许多年，艰难许多倍。中国博物馆上世纪30年代、50年代、80年代有三次大发展，是在中国历史条件下发展的。世纪之交中国博物馆进入新的大发展时期，中国正在前进中。中国博物馆的崛起，是中国的思想和中国实践的产物，是中国对世界的贡献。”[①]

① 苏东海：《让世界更知道中国》，载《中国文物报》，2010-11-08（3）。

博物馆使命与文化生态环境净化[1]

（2013年7月）

博物馆是保护、展示文化遗产和人类环境物证的文化教育机构，是一个国家、一个民族宣传其文明成就和发展水平的重要窗口。实际上，博物馆不仅是保存、研究、展示文物藏品的文化场所，更是人们感受历史、引发思考的文化空间。博物馆文化应该以更加丰富多彩的方式，进入社会公众的生活之中，成为人们日常文化生活的重要组成部分，如此，才能使博物馆文化的传播更加有效，使博物馆文化的影响更加深入。

人们生活在自然生态环境之中，也生活在文化生态环境之中。两种生态环境的优劣直接关系到人们生活质量的高低。“实际上，自然生态不过是文化生态的物理显现而已，二者互为表里。文化生态，就是人们精神呼吸的空气，通过耳濡目染影响人的精神世界，影响人的行为。”[2]今天，在自然生态环境方面，人们正在忍受着生态破坏和环境污染带来的苦果，而在文化生态环境方面，也出现了诸多不容忽视的问题。对此，一位文化界人士指出：“一场经济危机，会影响三五年；而一场文化危机，会影响一代人！”[3]

“近年来，文艺创作存在一些问题，特别是低俗化、娱乐化倾

① 此文发表于《文博》，2013年第4期，65页。
② 张德祥：《改良我们的文化生态》，载《人民日报》，2010-06-29（24）。
③ 詹勇：《媒体绝不可见利忘义》，载《人民日报》，2010-06-23（4）。

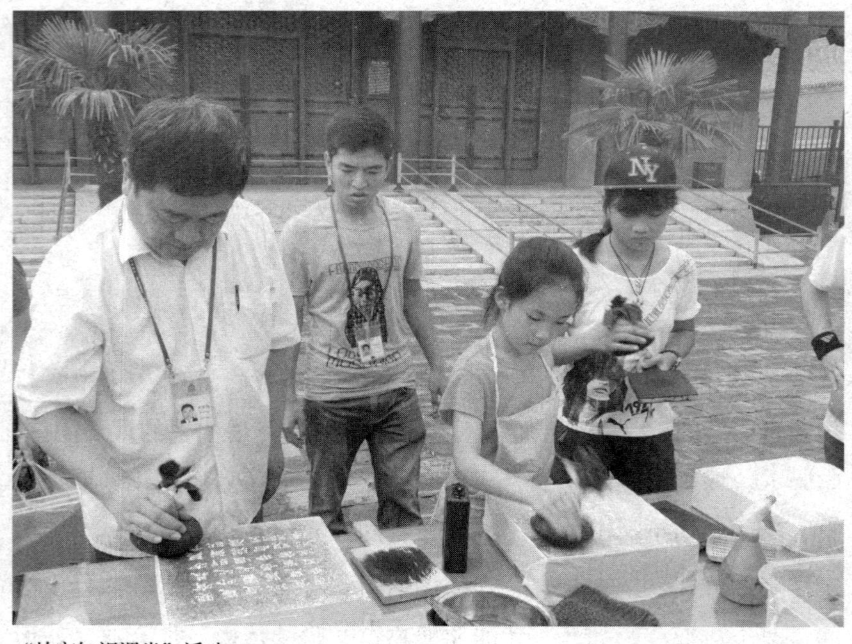

“故宫知识课堂”活动

向严重。据说现在一年创作歌曲在 2 万首以上，但是真正为广大群众所传唱的有多少首？现在一年创作的小说等文学作品汗牛充栋，但真正为广大读者所一致公认的力作有多少部？出版业一年出版各类出版物 30 万种，但真正能与我们先辈几千年为我们留下的 8 万种历史典籍比肩的作品有多少？我们全国几百个电视频道，数以千万计的文化节目，真正的有丰富文化内涵、高尚文化品位和品格的节目又占多大比例？我们每年生产 400 多部影片，上万集电视剧，其中能与我们耳熟能详的经典作品并驾齐驱的传世力作占多大比例？热遍全国的文化遗产保护浪潮中，逐利、炒作、托假的‘虚火’占多大成分？”①

从文化安全来看。国际思想界流传一句名言：“19 世纪靠军事

① 蔡武：《低俗之风，岂可听之任之》，载《人民日报》，2010-08-09（16）。

改变世界；20世纪靠经济改变世界；21世纪靠文化改变世界。”联合国教科文组织曾统计，美国控制了全球75%的电视节目的生产和制作。美国的电影产量占全球影片产量的6.7%，但是却占领了全球影片总放映时间的50%以上。在我国内地，每年引进10部美国电影就占据60%的电影市场。据统计，美国文化占网上信息资源的90%，使人们一进入因特网就进入了美国的文化环境之中。美国全球化被形象地概括为“三片”：信息文化“芯片”，饮食文化“薯片”，电影文化“大片”。

美国杜克大学教授弗雷德里克·詹姆逊说：“美国的电视、美国的音乐、好莱坞的电影，正在取代世界上其他一切东西。”还有人说：“当孩子们吃着麦当劳，喝着可口可乐，穿着耐克鞋和牛仔裤，看着美国的畅销书、迪斯尼的动画片和好莱坞大片长大时，我们能指望他们具有什么样的价值观呢？”美国前国家安全顾问布热津斯基2004年在《大抉择——美国站在十字路口》一书中写道：“毫不夸张地说，这种生活方式到处传播，潜移默化地起着重新定义的作用，它的穿透力势不可挡。没有任何一个大陆，也许没有任何一个国家能够抵御它的影响。”

“从上世纪90年代以来，个人主义、拜金主义、享乐主义、消费主义、功利主义、实用主义等的盛行和泛滥，逐步导致主体人格的分裂，出现了经济人与道德人、社会人与自然人的对立与冲突。”[①] 如今，在一些城市中，奢华消费之风呈蔓延之势，豪华大厦、豪华别墅、豪华游艇、豪华汽车、豪华服饰、豪华套餐等消费领域的奢华景象层出不穷。这些奢华消费现象有着深层的社会原因。由于在过去的岁月中，人们的物质生活长期匮乏，因此一些“先富起

① 邹广文：《过度市场化消解精神价值》，载《人民论坛》，2010（8），23页。

来”的人群，产生出格外重视物质甚至炫耀物质财富的心理，动辄比排场、讲气派，并往往进行商家炒、媒体渲染，从而加剧物质崇拜的社会风气[①]。

王蒙先生认为自“对于市场力量的片面接受正在使人们变得浮躁，一些文化产业事业人追求的只限于印数、票房、收视率、点击率，一些作品正在通过拳头枕头、陈腐迷信、八卦奇闻来促销谋利，使文艺日益消费化、空心化乃至低俗化，失去了思想与艺术的追求与积累。”“传媒的炒作与炒作背后的经济实力正在使文艺上高下不分，真伪不辨，黄钟喑哑，瓦釜雷鸣。急功近利的风气使本来大有希望的文艺人也在走捷径，宁要无知的起哄与人为的、速成的明星，不要伟大的经典，不要文学艺术与学术的深刻性、郑重性与创造性，更不要说文化创造上的艰苦卓绝与不应逃避的付出代价。”[②]

贾磊磊教授在《文化，作为推动历史的精神力量》一文中，列举了几件往事，以说明文化的重要性。在历史上，匈奴的铁骑曾经横扫了罗马帝国的疆域。无数城市被洗劫一空。匈奴人在军事上征服了罗马。但是罗马的文化反过来却征服了匈奴人，使后者向往罗马人的文明，他们要盖和罗马人一样的浴室，他们要建像罗马人一样的广场、圆形剧场、竞技场、喷水池，总之，他们要享有和罗马人一样的生活。如果说，匈奴人曾经在军事上战胜了罗马人，那么罗马人则在文化上战胜了匈奴人。最终匈奴还是从罗马的疆域上被迫退出[③]。

2001 年塔利班政府在阿富汗垮台时，印度外长飞赴喀布尔向新的临时政府表示祝贺，随机带去的不是武器和粮食，而是满载着宝

① 杨亮：《透视炫耀性消费背后的文化心理》，载《光明日报》，2007-01-10（7）。
② 王蒙：《关于文化建设与文化发展的思考与建议》。
③ 贾磊磊：《文化，作为推动历史的精神力量》，载《中国艺术学》，1 页。

莱坞电影和音乐的录音带文化商品。它们在阿富汗的市面上顷刻间一分而光。阿富汗人不是不需要食品、衣物，可是，对于印度人来说，比他们提供物质商品更重要的是，给他们提供一种文化，这种精神的援助，比让他们吃一顿饱饭更具有久远而深刻的影响力。在第二次世界大战结束之时，德国人在德累斯顿城市的废墟上并不是首先修建工厂、商店，而是市音乐厅。他们真的那么爱听音乐吗？他们就不知道在风雨中露宿街头的凄凉和痛苦吗？其实，他们并不是要去享受音乐，而是要在音乐中聚集一个民族复兴所必需的文化精神！这恰恰是改变这个世界的无形力量[①]。

一个沉溺于物质享受而不能自拔的人生是可悲的，而仅以经济指标论高下的社会也是可怕的。无论任何社会，当物质财富积累到一定程度时，若要继续向前发展，就必须清醒地认识文化的意义，并从物质利益的束缚中解放出来。因为，被物质利益牵着走，人们就听不到内心的声音，也听不到自然向人类发出的警报。不断地自我反省是人类得以生存至今的重要原因。“在个体欲望被催生、被放大的商业化的时代，集体意识极容易被淡化、甚至被消解。面对这种客观现实，如果我们只是依靠政府颁布的文件或是依靠几家主流媒体发表的政策性、行业性信息，并不能扭转或引导具有普遍性、倾向性的社会情绪。”[①]

英国著名物理学家霍金曾说，人类因为“自私和贪婪”的基因，肆无忌惮地破坏自然和环境，以至于地球再有200年就要不再适合人类生存了，人类唯一的生路是以接近光速的运载工具移民外太空。面对这样的警示，可以挽救人类的并非外力，而是人类自

① 贾磊磊：《文化，作为推动历史的精神力量》，载《中国艺术学》，1页。

己[①]。在人类的社会活动中，经济和文化是两个基本形态，不仅几乎同时产生、同等重要，而且一直相互依存、紧密联系，共同构成人类社会不断发展进步的支撑与动力。正是人类这种在经济生活之外，对文化生活的需求、向往和实践探索，催生和孕育了不同于物质文明的另一种文明形态。文化一旦产生，便使人类具有了更为强大的创造力，愈益有效地推动经济发展和社会进步。

随着社会的发展和信息技术的不断进步，一方面，信息越来越丰富，人们在学习、工作与生活上越来越依赖信息；另一方面，信息超载也带来困扰。面对海量的信息资源，人们却又难以有效地获取自己所需的信息。信息的泛滥已经超过了人们注意力可以承受的负载，导致了普遍的注意力匮乏，这种现象使注意力成为一种稀缺资源。诺贝尔奖获得者 H. 西蒙（H.Simon）指出，“随着信息时代的发展，有价值的不是信息，而是注意力。”“注意力已成为一种比储存在银行账户上的钱更有价值的货币。”[②]

农业社会的竞争力主要取决于劳动力，工业社会的竞争力主要取决于生产工具和科学技术，而信息社会的竞争力主要取决于注意力。成功的传播要求从受众的角度出发，弄清楚是什么影响了受众个体的选择和行为；传播者需要考虑的是什么样的内容、表达方式和环境有助于吸引受众，保持受众注意力。“所以博物馆的成功不在于它所提供的资讯的多少，而在于它是以何种方式提供的。如果不能引起观众的注意，再多的信息也只是博物馆人的自娱自乐而已。”[②]观众的注意力是有限的，而信息是无限的。如果博物馆想在众多的资讯竞争中获得成功，就必须善于获得注意力，而要吸引观

① 吕林荫：《只讲财富的人生，是可悲的》，载《解放周末》，2010-09-17（17）。
② 唐贞全：《从信息传播到注意力传播》，载《东南文化》，2011（1），83 页。

众的注意力，就必须注意观众和了解观众。

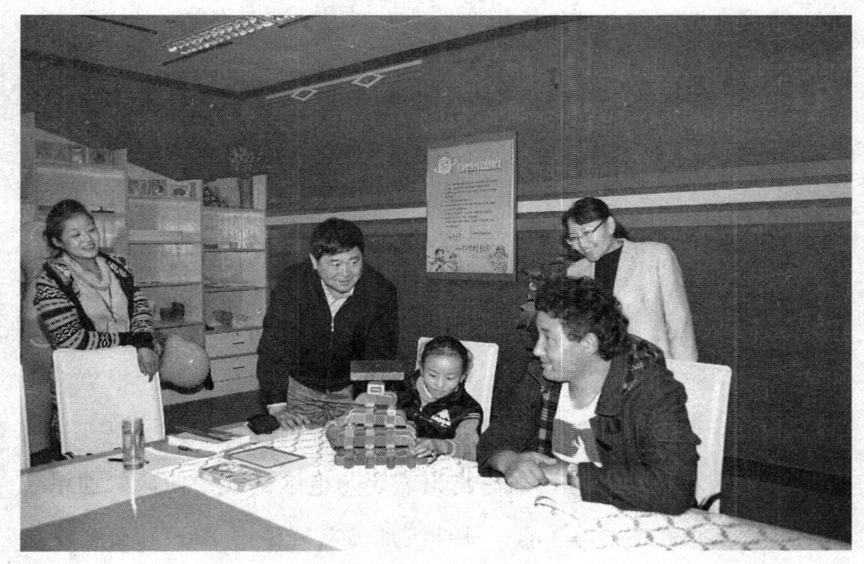

西藏博物馆

有关调查表明，在 1992 年，36% 的成年男子每天至少要阅读 30 分钟，到 1999 年，百分比下降到了 22%，而一个普通观众每天观看电视的时间却令人惊奇地达到了 3.5 小时。电视是人类历史上最成功的注意力获取技术，通过简短的解说、恰当的时间安排、鲜明的个性以及对用户的友好来获取注意力；而互联网和游戏，凭借其互动性，似乎有超过电视的势头。在这一情势下，很多博物馆的陈列展览模式已经越来越不适合当代观众的需求，不足以吸引他们的注意力。

正如 M. 霍尔（M. Hall）所说：“很多展览不够成功，是因为就他们的观众、物品与风格而言，其展览基本上可以称之为立体的书。为什么要求观众去读一本钉在展厅墙上的书呢？”例如在美国芝加哥工业与技术博物馆中，整整一堵墙上密密麻麻的都是展板和文字，一眼望不到边，除却令人“震撼”之外，更让人感到“望而却步”。这样的陈列展览设计显然不能吸引观众关注其具体内容。事实证明，只有经过精心整理的信息，才会获得注意力。正因为如此，博物馆在进行陈列展览策划时，必须将其内容与社会、与观众的生活相联系，揭示文物展品对于今天社会生活的现实意义，否则就不能吸引观众的注意力，最终也无法实现博物馆的功能，发挥应有的作用。

英国文化部在 2007 年做过一次统计，在这一年中，只有 35% 的青少年参观过一次博物馆。因为博物馆对他们来说是“无聊”的同义词。博物馆如何与青少年建立长期友好的关系，如何根据青少年的年龄特点、理解能力和兴趣特点，推出适合他们的展览，是博物馆面临的一大挑战。目前博物馆需要与电脑游戏、便捷的通讯技术争夺青少年群体。北京青少年研究所曾对北京市 1000 位在校学生进行调查，结果表明在日常生活中他们最喜欢从事的活动排序是：第一，约 64.8% 的学生喜欢朋友聚会；第二，喜欢听音乐、看电影、与家人一起、上网；只有 7.8% 的学生喜欢参观博物馆①。

吸引青少年走进博物馆，一直是各国博物馆关注的问题。在当前市场经济条件下，全社会竞争意识高涨，大多数青少年从小学时期开始，就进入应试教育的轨道，为上重点、考大学、读学位而竞争；进入社会，又要为生存、为生活、为晋升而拼搏，几乎没有时间探索人生理想，思考人生意义。巨大的竞争压力，甚至使一些人产生危机感、恐惧感，引发心理疾病，孤独抑郁、自我封闭，不关心他人，不关心社会，不善于与人交流。“对这样一些人群，博物馆要给予特别的关心，并成为他们的精神家园。”② 因此，博物馆必须

① 周婧景：《儿童教育活动是博物馆可持续发展的生命力》，载《中国文物报》，2011-07-13（6）。
② 马自树：《文博余话》，北京，紫禁城出版社，2011。

改变自己，积极探索青少年与博物馆展览紧密联系的契合点。

近年来，信息技术的迅速发展给各国的视觉艺术和民族文化的发展带来了机遇和挑战，然而发达国家正倚仗其技术优势和经济强势，尤其是在视觉传播上不断更新，将其文化和价值观推向世界的每个角落。在我国广大民众的文化生活方面，也存在一些隐忧。一方面，"近年来，人们对物质生活的追求越来越强烈，对自己心灵的关照不够。如果长期不关照我们的心灵，它就会变得冷漠"[①]。另一方面，当今信息时代最重要的特征就是文化越来越依赖于视觉，潮水般的视觉符号构成了我们的生活空间。从广告宣传到影视节目，从报刊书籍到商品包装，从服饰造型到互联网界面，无论在家庭、单位还是商场、影院，人们的眼睛从来没有像今天这样忙碌，视觉艺术日益成为人类占主导地位的主要传播方式，视觉活动已普遍渗透于当代人的文化生活之中。

有人一针见血地指出，文化越是泛滥，整个社会就越没有文化。"现在文化不仅表现为一种热热闹闹的浅层化，还存在着明显的文化被滥用的情况。当任何东西都可以冠上文化的时候，实际上，文化被消解得差不多了。"[②]在现实中，一些博物馆利用率不高，观众较少，虽然这并非仅是博物馆的尴尬，也是城市文化氛围、文化发展状况的尴尬。但是，博物馆要适应社会文化生活的新特点和社会民众的新期待，注重陈列展览和文化活动内容与形式创新，将知识性、趣味性和观赏性有机结合，增强文化表现力和感染力。

目前各种类型的博物馆通过提供形式与内涵极其丰富多样的陈列展览，用直观浅显的方式，向人们介绍社会科学和自然科学的相

① 纪双城：《向国外博物馆同行学"竞争"》，载《环球时报》，2011-04-22（13）。
② 李舫：《"文化批评，我拿什么拯救你"》，载《人民日报》，2011-05-06（17）。

关知识，有助于人们将原有的文化视野加以拓展[①]。博物馆的陈列展览应追求精品意识，将精品意识体现于陈列展览的各个环节和具体细节，形成具有影响力的文化品牌。一个主题鲜明、富有思想性和现实针对性的优秀展览，不仅要求在文物展品、陈列方式上精心设计与筹划，而且还应从观众参观数量、社会影响程度以及综合效益发挥等方面进行评价。通过对社会民众参观需求进行调查，并对观众心理进行分析，可以了解人们心目中博物馆的应有形象。

阿根廷国家历史博物馆“不要忘记我”陈列临时展览

在构成陈列展览的诸多因素中，最核心的要素是文物藏品，“观念上要相信在知识爆炸的网络时代，真实、直观的特征将是博物馆作为社会文化教育机构独有的法宝，因为我们看到，在这个图像

① 国际博协2010年大会筹委会专家组：《国际博协第22届大会主题说明》，见《中国国际友谊》，第七卷，2010。

可以被轻易复制的时代，尽管‘蒙娜丽莎’的图像随处可见，但无数的人群还是从四面八方汇集到卢浮宫，只为在她的面前驻足凝视三十秒”[①]。文物藏品永远是博物馆文化传播的核心内容，其作用与魅力是无法替代的。在博物馆的文物藏品中，蕴含着丰富的文化信息，将这些文化信息传播给更多的社会公众是博物馆的重要社会责任。

一部激动人心的电影，一首柔婉动人的歌曲，一幅回肠荡气的油画，包括一首诗，甚至一句话都可能对人们的生活产生重大影响。以图书为主体的博物馆出版物是博物馆教育与公众服务职能的拓展和延伸，也是博物馆树立形象、吸引目标观众群的重要途径。国外一些著名博物馆都有自己独立的出版部门甚至出版公司，大英博物馆在成立之初就设有自己的印刷出版部，大都会艺术博物馆曾刊行两本参考目录性质的出版物，用以介绍 1870 年—2005 年间由该馆发行的各类出版物，希望用优秀的出版物为观众开启一扇通向博物馆的大门，使观众通过博物馆参观收获更多的知识与启示。

目前，我国的博物馆图书包括展览图册、馆藏文物图录以及文物研究专著等，这些学术气息浓厚的图书为专家学者的研究提供了重要帮助，但是也往往因为过于专业化的语言，使普通观众难以接受。博物馆图书要实现博物馆资源社会效益最大化，除坚持正确的学术规范之外，还要适应不同年龄阶段、不同学识水平、不同文化层次的观众阅读需求。随着观众的文化需求以及购买力的不断增长，博物馆图书应该在品种较少、售价较高的现状中寻求突破，建立以不同版本、不同内容、不同价位、不同载体为支撑的体系，更大程度地满足广大民众日益增长的文化生活需要。

---

① 黄春雨：《博物馆的社会化与专业化思考》，载《中国博物馆》，2008（3），19 页。

在欧美国家，参观博物馆是公众的一种休闲习惯，一种文化习俗。每逢节假日，各大博物馆都会游人如织。精彩的专题展览往往会吸引观众从四面八方赶来，使参观博物馆逐渐成为公众的一种生活方式，使博物馆真正成为培育公民素养的沃土，反映社会文明的窗口。“在美国颇具影响力的博物馆——史密森学会则沿着一条真正的朝圣之路发展。当 A. 库克（A. Cooke）提醒每一位电视观众，他们都有义务至少和家人参观一次史密森尼学会，当每年的确有千万人次的参观数量时，你才会相信这一现象的真实性。”

经过媒体传播功能，一些博物馆文物展品被社会公众广为了解，成为文化生活中的偶像，不仅为美国观众，而且被前来的国外观众所认可[①]。今天，博物馆与学校教育在德育、智育、美育等方面具有广阔的合作空间。事实上，任何一座博物馆的发展，都需要吸引年轻人的注意力。应倡导博物馆纳入国民教育体系，使博物馆文化进校园、进课堂、进教材。据统计，每年以班组为单位参观大都会艺术博物馆的幼儿园儿童和中小学生达 20 万。事实上，博物馆以本地的文化与自然资源作为教育内容，可以激发学生们对本地社区的兴趣，鼓励学生们投身于本地社区的建设，为它能拥有一个美好的未来而努力[②]。

文化生态关系到社会和谐与文明进步，在文化空气稀薄的社会中，人们难以获得健康的文化营养，这一状况应当引起高度重视。岁月沧桑使文化遗产不可再生而弥足珍贵，博物馆正是保留这些珍贵遗存的文化场所，唯有选择那些能够代表时代精神价值的文化遗产，从人性的角度去解析，用平等的视角去阐述，以艺术的手段去

① 乔治·F. 麦克唐纳：《“地球村”的博物馆未来》，载《中国文物报》，2010-06-30。
② 玛吉·鲁塞尔－恰尔迪：《城市环境中以地区为基础的教育》，载《国际博物馆》，2006（2），71 页。

台湾南投县台湾工艺研究发展中心

展现，才能真正走进社会民众的内心，让人们在欣赏与享受中自我升华，在春风化雨、润物无声中陶冶情操。博物馆中的文物藏品能够跨越时代变迁，默默地将它蕴藏的知识、沉淀的历史保存下来。因此在文物展品中有真正的知识、有精神的支撑，参观陈列展览就是品读社会、阅读人生。

每一件文物展品都有自身的特色，都有属于本身的故事。有的文物展品是在特定的历史条件下诞生；有的文物展品经过战火硝烟或政治动乱历程；有的文物展品经过精心修复后重放光彩；有的文物展品是在被盗窃后失而复得；有的文物展品是对外交往中的国礼精品。这些博物馆藏品在展出时，如能介绍出符合实际的感人故事，就能在文化认同中升华人们的情怀，开阔人们的视野。珍视和传播文物藏品中的历史记忆，就是维护文物藏品的生命历程和应有尊严，使参观展览成为生活中最温馨、最充实、最难忘的时刻，使人们能够看到人类走过的沧桑历程，更能看到人类的智慧创造和追求向往，感受和体味文物藏品对于和谐的呼唤。

博物馆是人们终身学习、获取知识最好的场所之一，现代化的博物馆主要通过不同主题的展览和各种形式的活动，引导人们自我学习，参观者自行选择参观内容和活动方式，通过自己的实践去探索、充实人生。博物馆利用文物藏品，以各种工作方式和方法，为社会教育和有关学科研究服务，这是博物馆收藏作用于社会的过程，也是博物馆中最有意义的任务。同时，博物馆一般都提供有展览图录供参观者翻阅，有条件的博物馆在多功能厅或观众休息室定时为参观者播放与博物馆陈列展览、展品相关内容的幻灯片、光盘等。

一些博物馆还开辟专门的研究室、实验室、图书馆，为满足博物馆外的从事研究工作的专业人员或是博物馆爱好者的需求，提供有偿或免费的研究资料。尤其是博物馆的图书馆，其功能不同于公共图书馆，以往主要是为博物馆内部人员提供服务。但是，随着博物馆的社会职能的扩大，为社会提供深层次的社会教育，博物馆的图书馆对公众的开放显得十分重要。博物馆还可以准备各种内容的流动展览，到学校、社区、企业进行巡展，增强服务功能，直接面向社会公众，使博物馆文化逐渐深入人心，并以巡展、辅导授课等形式深入学校，通过组织具有针对性、目的性和实效性的活动，吸引学生了解传统文化和科学知识。

进入新的世纪，“宜居城市”的概念越来越受到人们的关注。宜居城市的内涵有广义和狭义之分。广义的宜居城市是指人文、自然环境协调，经济、社会、文化、设施等各方面均达到较高水平，适宜人类工作、居住和生活的城市。狭义的宜居城市则突出关注城市的生态环境和居住功能，是指气候、生态、人工环境等方面适宜人类居住的城市。国际社会评选宜居城市的主要指标包括稳定、健康、文化和环境、教育、基础设施等方面。与我国评选宜居城市注重经济发展和基础设施相比，更为强调安全、健康和舒适。其中安全是指城市具备良好的政治环境、社会治安状况和防御自然灾害的能力；健康是指城市可以提供优质的自然生态环境和完善的医疗服务体系；舒适则包括宜人的自然和人文景观以及良好的文化氛围。

意大利学者萨尔扎诺在题为《7个目标走向宜居城市》的文章中指出：宜居城市尊重历史的印记（居住者的根），并尊重还未出世的人（居住者的后代）。他提出的目标是：宜居城市向全世界开放，没有种族隔离区；宜居城市的特点是多种功能交织，并能培育出丰富的人际交往；宜居城市的规划者能驾驭城市的复杂性和动态性，以避免引发拥堵和焦虑；宜居城市能与它的历史遗迹和大自然保持良好的关系；宜居城市是公众的家；宜居城市的公共空间是社交生活的中心和整个社会的聚集地等[①]。

D. 格鲁考克 (D. Grewcock) 认为“城市生活和城市变迁在全球各个国家都各不相同，城市博物馆的功能角色当然也要适应各个地区的特点和形势”[①]。无论是物质资源还是文化资源，优势往往体现于稀缺性。当一座城市经历大规模建设改造后，人们开始怀着对历史的敬畏之心，精心呵护保存传统文化肌理的历史街区，承载丰厚历史信息的传统建筑，竭力补救所谓“旧城改造”“危旧房改造”对城市文化和文化遗产的破坏。因为，一个失去文化遗产的民族是一个漂浮的民族、一个丧失记忆的民族、一个没有根基的民族，就不会深刻洞察明察昨天，正确认识今天和科学把握明天。

具有不可再生性质的历史街区，是一座历史性城市最具文化特

① 周赟：《宜居城市，实现城与人的和谐》，载《人民日报》，2010-08-17（23）。

色，也是最能够凝聚人心的场所。人们在自己城市的历史街区中可以找到更多的心灵归属感。然而，在我国的众多历史性城市，显然还没有将留存下来的历史街区定位于活态的博物馆。当我国城市普遍将博物馆视为“形象工程”，作为城市的标志性建筑时，国际社会则开始强调博物馆的社区化，甚至无边界化，使更多的当地居民从历史街区的保护中受益，积极促进社区民众自治能力的培养，使博物馆文化更多地融入和谐社会之中，使当地居民都能感受到历史街区的体温和博物馆的情感，消弭社会中存在的价值断层与文化裂缝[①]。

浙江杭州手工艺活态展示馆

美国历史学会前主席卡尔·贝克曾说过：“待在无人翻阅的书本里的东西，在世界上是没有用的。只有在世上起作用和在历史进程中发生影响的知识，才是活的知识。”[②] 在广州北京路的道路整治中，发现了北宋、南宋、南汉和明、清路面，经过考古发掘，层次分明，

① 杨雪梅，曹玲娟：《三千学者为博物馆找“活”路》，载《人民日报》，2010-11-15(15)。
② 王保纯：《文化遗产图书会成“遗产”吗？》，载《光明日报》，2010-08-30（2）。

年代清楚，于是对“千年古道”采取了玻璃路面加以保护，既不影响行人穿行，又增加了观赏价值，使人们能够同时在古代的和现代的道路上漫步。在西安，大明宫是一座1300年前的皇家宫殿，现在所能看到的只是一片文化遗址，人们要想了解大明宫的过去，体会昔日的辉煌，仅靠文字表述是远远不够的。通过影像还原，较为全面地展现盛唐时期大明宫内的建筑、景观、文化、政治甚至是社会形态。建成后的大明宫国家考古遗址公园，不仅是一项重要的保护展示工程，也是利用科技手段进行文化展示的舞台。

澳门历史城区通过8个广场和传统街道，将25组历史建筑串联起来，形成一个东西方文明交流、文化融合的整体景观。不同时代的建筑物构成对话格局，形成别具一格的历史厚重感和现实启迪，顺应了历史发展的内在逻辑。澳门民众的幸福指数不断提高，原因不仅在于回归祖国后经济日益繁荣，还因为生活得更有文化内涵，更有自豪感。更令人赞赏的是，澳门的历史建筑成为世界文化遗产，拂去了尘埃后，并没有成为单纯的历史符号，而是变得更加易于亲近，继续“活”在民众生活之中，历史和生活和谐共处，充满生命力，在经济社会生活中发挥着光和热①。

一个社区区别于另一个社区的，不仅在于它的规划布局、色彩基调、建筑形式，更重要的还在于其内在的气质、情感及其文化底蕴。社区的文化特色是社区特有风貌和文化精神的完美结合。发现、界定、保护、传承和拓展社区的文化个性与特色，可以构建起轮廓清晰、结构完整、布局合理、特色独具的社区文化形象。自1975年，日本设立“国家重要传统建筑物群保护地区”制度以来，列入保护地区的项目已经超过80处。1996年，日本又制定了《登记有形文化资

① 王平：《澳门历史城区漫步》，载《人民日报海外版》，2010-09-21（3）。

产制度》，将更多的历史建筑列入保护之列。伴随保护对象范围的扩大，“大量的”“熟悉的”“普遍的”历史建筑保护得到认真的讨论。

在日本，冻结式保存方法正在被“社区营造”所替代。北海道小樽市因运河而兴，但是后来运河的功能跟不上时代的发展，且运河两端都已被堵塞，一到夏天淤泥恶臭汇集。当地政府打算将无用的运河填埋起来，建设成宽阔的干道，并整体规划这一地区的再开发。但是小樽市民认为，这条承载着城市荣光和文脉的运河绝对不能消失，还自发成立了“小樽运河保存协会”。于是，从运河保存到整个历史风貌区的保护更新，该协会发挥了重要作用。他们提出，历史街区保护不仅仅是“供人参观”，而且是“充满活生生的生活感的观光”①。

在2010年的国际博物馆协会第22届大会上，美国旧金山艺术学院常务院长奥奎·恩威佐曾表示，行走于欧洲大街，宛如走在一座鲜活的博物馆中，建筑和生活方式与一两百年前相差无几。那里的人们自己也觉得代表历史。然而行走在中国的一些大城市，如同进入一个巨大的工地，摩天大厦林立，到处都是现代化的景观，看不到传统文化留下的痕迹。“五千年的华夏文明涵养了中华民族的厚重历史，一点不比欧洲国家逊色，可欧洲人懂得城市是一座偌大的博物馆，对其爱护有加，我们却认为博物馆是城市的一座标志性建筑，里面陈设着琳琅满目的文物，这首先是一种观念的差距。

正是欧洲人把城市视为鲜活的博物馆，才有着强烈的珍爱古建筑、古文化意识，他们知道这些见证历史的建筑失而不可复得，绝不能从其身上榨取经济价值。相比较，中国城市成了生产GDP的机器，一切为经济发展让路成为许多官员的惯性思维。这种发展观又与政绩观有着千丝万缕的联系，在一些官员的潜意识中，“文物保

① 杨健：《历史街区应该回归“生活态”》，载《解放日报》，2010-06-12（2）。

护不能出彩，城市现代化才显政绩”[①]。在持续的大规模城市改造中，城市中留存的文化遗产越来越少，对于那些城市拆迁后所剩无几的文物构件，对于那些流离失所的文物资料，对于那些记录历史事件的标志性物品，博物馆成为它们新的家园，这是不得已的一种选择。

“对于传统与历史的关爱，以今人对前人而言，是一种尊重，以今人对后人而言，则是一种责任。”[②]这些历史街区往往有着与城市一样久远的生命，承载着城市的欢乐和悲伤，留存有不少感人故事。社区中的街巷、广场、建筑、雕塑、绿化、小品等，都构成了历史街区有形和外在的物态系统，作用于人们的视觉、听觉、嗅觉、触觉而直抵心灵。同时，它们又承载着历史街区中发生过和正在发生着的社区活动，正是这些千姿百态、生动有趣的活动，使历史街区富有充沛的人气和旺盛的活力。

台北淡水是一个重要的国际海港，是大陆到台湾重要的连接港口，也是列强经营东方的一个重要交汇点，红毛城、英国领事官邸、海关建筑、洋行建筑等古迹遗址被妥善保存，并成立了淡水古迹文化园区，对这些古迹遗址进行整体保护，园区对一般参观者开放，并定期举办展览及教育活动。淡水的居民社区意识比较成熟，自发成立文史社团、宗教团体、文化基金会，开展社区文化活动。文化工作人士、艺术家、教育工作者、宗教人士及文化机构，共同合力经营文化淡水，举办社区大学，低价或免费让淡水居民报名学习各种课程、培训解说人员等，社会各界亦投入相当多的经费在硬件维护与软件展示与教育上，使淡水成为最受台北市民欢迎的文化社区之一。

人们生活在城市中，为城市的发展而努力，城市发生的每一项

① 尹卫国：《让城市成为闪耀历史光芒的博物馆》，载《中国建设报》，2011-03-28（4）。

② 孙翔，汪浩：《特征规划指引下的新加坡历史街区保护策略》，载《国外城市规划》，2004（6），47页。

积极变化，都会在一定程度上激发人们更加关爱自己生活的城市，都会感受到城市发展与自己的工作和生活息息相关。今天，越来越多的城市认识到，虽然目前经济仍在持续高速发展，但是，城市未来可持续发展的强大动力将来自于深厚的文化底蕴。因此，博物馆在城市文化建设中，应该充当更加积极的角色，承担更加重要的责任。对于大部分城市居民而言，一座理想的博物馆不仅仅是一般意义上的大众文化设施，而且是多元文化群体的精神家园，人们在这里能够寻找到生命的意义，能够感受到生活的多彩。

日本大阪拥有特殊的博物馆情结。无论在繁华的商业街还是在安静的居住区，随处可见各具特色的博物馆。对此，日本博物馆学者解释道：“大阪本是一座名城，战争曾使这里的建筑变成一片焦土，但是文化是不能埋没的，博物馆是再现历史保留文化的最好方式，所以成为博物馆化的城市，始终是大阪人的追求。”在这一理想鼓舞下，进入 21 世纪后，拥有 880 万人口的大阪，仍在积极建立和发展博物馆，目的就是让世界知道大阪不仅拥有强劲的经济实力，同时也拥有深厚的文化底蕴，是一座过去与现代相容共存、经济与文化同步发展的国际城市，而博物馆真正肩负起了城市文化传播的责任。

每座城市的起源与发展都离不开独特的地理环境与气候等诸多因素，在长期的文化积累和历史沉淀过程中，逐渐形成各自独具特色和个性的城市文化，并成为支撑城市发展的内在力量。加拿大学者 D.P. 谢弗（D.P.Schafer）认为，在全球化的时代，需要有一盏“未来的灯塔”，而文化正是这样的灯塔。他提出：“在所有的社会理论和实践中，只有文化提供了这个灯塔。”“它照亮了一条通往未来的道路，即一条基于文化的最崇高、最智慧、最杰出的原则和理想之路。”首都博物馆的口号是“首都，我的博物馆”。通过一系列陈列展览，用鲜活的故事留住被高楼、广场和车水人流淹没的记忆，启发城市建设者们在新的创造中应该注意保护城市文化特色。

城市如人，有自己的生命历程。一座充满魅力和内涵的城市，绝非只有摩天大楼和宽阔街道，那些城市最深处的街巷胡同同样散发着城市的独特风情，充满社会民众的鲜活记忆。当代空间理论认为，空间并不是纯粹物理学或地理学意义上的客体，它具有社会性、历史性和文化性。博物馆正是这样一个包含着社会、历史、文化等多种元素的城市空间①。当快速的城市化进程严重地影响人们的居住空间和生活质量时，博物馆以其宁静、祥和的环境和设施，缓解着社会民众的生存焦虑，也使得日益被伤害的城市文化功能获得某种程度的弥补与修复。

甘肃嘉峪关城市博物馆

城市让生活更美好，博物馆让社会更和谐。作为城市历史的记

① 周根红：《博物馆与城市文化的空间生产》，载《东南文化》，2010（6），108页。

录者和展现者，博物馆一直以来既是城市文化的参与者，也是城市文化的推动者。博物馆作为一种全球性的文化设施，在国际化的浪潮汹涌而来之时，应该肩负起重要的使命，促进不同文化之间的对话，提倡各民族文化之间的尊重和理解，维护和保存文化的多元化、多样性。国际博物馆协会曾这样阐述博物馆管理对于社会和谐的作用：博物馆必须在世界文化快速变化中加强自己的文化意识，在国际化的国家体系中加强民族身份认同，并在全球性发展中，发挥自己特定的社会教育作用。

博物馆“致力于社会和谐”，因此，博物馆应充分体现公益性、基本性、均等性和便民性，坚守“精神家园”，完善综合功能，改进空间布局，提高服务水平[①]。今天博物馆建设的和谐理念，除了崇尚人与自然的和谐、人与人的和谐以外，还应提倡人与社会的和谐。以人类文明的成长智慧和先进理念，有效应对和缓和日益尖锐的各种矛盾，这些也是博物馆不可回避的社会责任。博物馆要想真正成为人们生活中不可缺少的一部分，必须要善于主动介入当代文化生活，以观众需要为博物馆的发展前提，以多种手段为观众服务，以独特鲜明的形象吸引公众的注意，在社会上树立有自身特色的博物馆形象。

博物馆是人类培育高雅情趣、营造幸福生活的精神源泉。博物馆浓郁的文化氛围，含蓄的文物意境，引导人们从浮躁走向宁静，从现实走向理想，从思考走向行动。这里应成为没有高低贫贱，没有身份等级，没有理论说教，没有身心束缚，只有平等共享的精神乐园。正如法国地理学家 P. 潘什梅尔（P. Pinchemel）所说：“城市既是一个景观、一片经济空间、一种人口密度；也是一个生活中心

① 陈燮君：《让不同文明成为知己》，载《人民日报》，2010-11-05（17）。

和劳动中心；更具体点说，也可能是一种气氛、一种特征或者一个灵魂。”[①] 只要人们仔细观察和深入研究，总能发现一座城市自己的气质、灵魂以及属于自己的故事。

在培养人们健康情趣，优化生活、美化环境、净化心灵以及诗化人生方面，博物馆的作用无与伦比。西方哲学家休谟曾说过：“幸福与其说用任何其他方法，不如说是用感情这种敏感性来达到的。如果一个人具有那种能力，他由趣味的愉快中所得到的幸福，要比由欲望的满足中所得到的幸福更大。”[②] 要实现博物馆的资源效益和文化魅力，在陈列展览和文化活动中，不能简单罗列重要事件和历史人物，而应该首先寻找和揭示这座城市的灵魂，寻找属于城市自己的故事，并提炼出最能反映地域文化特色的主题，通过这一主题将各种重要的文化资源加以整合，形成一个整体，从而使陈列展览具有特色和号召力。

曼纽尔·卡斯特尔对信息时代的博物馆的功能给出了全新的界定：“在信息时代被重新定义的博物馆正在成为城市复兴、城市设计和沟通艺术、电子网络和城市桥梁的重要源泉。”城市越是向前发展，就越是要留住城市的文化记忆，理清城市文化的发展脉络，保留城市传统文化的根脉。博物馆应该在城市文化确立与传播中担当责任，使博物馆文化为社会发展服务，使城市的活力、实力、魅力得到进一步提升。“关于博物馆与城市文化之间的关系，有两种很生动形象的比喻，一种是‘博物馆是城市之心’，另一种是‘博物馆是城市之眼’，突出的都是博物馆对于城市文化的重要性。”[③]

---

① 严建强：《从展示评估出发：专家判断与观众判断的双重实现》，载《中国博物馆》，2008（2），71页。

② 刘庆平，彭建：《当代中国博物馆向何去》，载《中国博物馆》，2008（3），40页。

③ 吴美华：《从上海世博会看城市文化建设与博物馆的关系》，载《中原文物》，2010（5），96页。

博物馆在城市的发展过程中不断完善和创新，具有连续性、继承性和创新性，承载着城市的基本价值追求，孕育着城市的精神。博物馆作为现代性城市空间的精神与文化的代表，其最重要的功能就是为人们提供一个交流与对话的公共空间。它与商场、街道不同，博物馆以一种隐性的内在力量放大了历史的精神魅力与文化吸引力，由此丰富了城市空间的文化内涵[①]。一位博物馆学专家曾说过，没有博物馆的城市是贫乏的。而不在城市发展或城市变迁中发挥作用的博物馆又是单调的[②]。博物馆在当代人类社会发展变革的背景环境中，应该顺应历史，调整自身的社会形象和角色，提升博物馆在城市发展变迁中的影响力，拓展其影响的空间、参与的空间和教育的空间。

今天，博物馆文化已经越来越深入地渗透到人们的日常生活之中，引导人们更加正确地看待城市生活和城市发展。作为以博物馆建设带动城市发展的典型案例，莫过于西班牙北部城市毕尔巴鄂的古根海姆博物馆建设。20世纪90年代以前，毕尔巴鄂还是一座靠近海边的工业市镇，随着钢铁、造船业的衰退而没落。1991年，毕尔巴鄂市政府与古根海姆基金会共同做出极为深远的决定。“提出建设博物馆来振兴城市时，确实遇到许多挑战，毕竟当时依然面对危机，这是用公共基金来投入的。然而六年后的事实证明，通过文化振兴来实现城市发展，其带来的效果远远超出当初的预料。”

如今毕尔巴鄂不再是一个灰暗的充满工业环境污染和产业萧条危机的城市，而已经成为欧洲经济发展、旅游休闲、投资环境最好的城市之一。1997年至2007年的10年间，古根海姆博物馆共吸引

① 周根红：《博物馆与城市文化的空间生产》，载《东南文化》，2010（6），108页。
② 李玫：《城市博物馆的空间拓展》，载《中国博物馆》，2008（3），91页。

参观者1000万人次，其中一半以上是国外游客．创造国内生产总值逾15.7亿欧元，为地方财政增收2.6亿欧元，平均每年创造就业岗位4500个。可以说古根海姆博物馆的建设扮演了城市经济和环境重生的角色，为毕尔巴鄂赢得了世界声誉，使毕尔巴鄂从一个默默无闻的衰败港口城市，发展成为文化旅游的重要目的地[①]。毕尔巴鄂古根海姆博物馆的成功告诉世界，只有对自然环境、文化艺术做出投资的城市才是能够持续发展的城市。

古根海姆博物馆

古根海姆博物馆是世界闻名的艺术王国，其实它并不单指一处博物馆，而是一个始创于1937年的博物馆群，目前在世界各地的5处博物馆分别位于纽约、威尼斯、毕尔巴鄂、柏林和阿布扎比。自

① 黄鹤：《文化政策主导下的城市更新——西方城市运用文化资源促进城市发展的相关经验和启示》，载《国外城市规划》，2006（1），34页。

成立之日起，古根海姆收藏基金会就一直在谋求扩张，建造更多的博物馆分馆、购买更多的文物艺术品，其连锁经营博物馆的理念至今都没有改变。古根海姆基金会以众多渠道实现国际文化交流合作的使命，例如陈列展览到欧洲、亚洲、澳洲巡展的同时，将欧洲、亚洲、非洲和南美洲艺术珍品借到古根海姆博物馆展出，或在其他国家建立新的古根海姆博物馆等。

国际化发展的路线成为古根海姆基金会区别于其他艺术机构的最大特点。长期以来，古根海姆博物馆积极谋求在全球发展，从意大利、德国、西班牙、立陶宛、奥地利，到墨西哥、巴西、日本、新加坡等。其中，最值得古根海姆基金会夸耀的是纽约和毕尔巴鄂的古根海姆博物馆，它们都是将想象力付诸现实的成功范例。事实上，就毕尔巴鄂古根海姆博物馆来说，比其华丽外表更具有持久魅力的是，借助古根海姆的收藏系统和资源，营造开放的国际博物馆艺术平台，该馆在艺术项目策展、社会教育活动等方面的成就，使其迅速成为欧洲同行业的领先者。

世界上规模最大，而且是首次在发展中国家举办的世界博览会已经于 2010 年在上海成功举办。从历史上看，世界博览会与博物馆事业有着不解之缘，也是拉动博物馆发展的强力引擎，使举办城市的博物馆水平提高到一个新的层次。例如 1851 年最早的伦敦世界博览会，就催生了英国两个博物馆，即艾尔伯特博物馆和伦敦科学技术博物馆。此后，在全世界范围内，博物馆事业得到迅速发展，多元化功能的博物馆也给此后的世界博览会带来新的启示和借鉴，新的博物馆建设理论，有创意的陈列展示手法层出不穷，并出现了人性化的服务理念。

1855 年的巴黎世界博览会，由于增加了一系列艺术展览，在很大程度上改变了世界博览会的文化传播理念，以新产品发明陈列展览为主的世界博览会，增加了丰富的人文色彩和独特魅力。绘画、雕塑、音乐、建筑等人类文化创造，从此更多地融汇于世界博览会，无论是约翰·施特劳斯的《蓝色多瑙河》，还是罗丹的《思想者》，均与世界博览会密切相关。举办世界博览会最多的巴黎，留下的博物馆也最多，例如1900年巴黎世界博览会，促成“奥赛火车站”改建而成的奥赛美术馆。通过这些实践，以往人们认为世界博览会是一项经济活动，而今天世界博览会成为一项重要的文化活动。

上海成为2010年世界博览会的举办城市后，为我国博物馆事业发展提供了新的契机。上海世界博览会园区内约有2万平方米的历史建筑得到保留保护，超过40万平方米的工业建筑得到保护性再利用。因此，上海世界博览会取得了世界博览会有史以来“历史建筑保护面积之最”的成就。依据以往举办城市的经验，在世界博览会之后，将世界博览会建筑改建成博物馆是一个普遍采取的重要选择。对此国际展览局秘书长V.G. 洛塞泰斯（V. G. Loscertales）曾多次表示：上海世界博览会园区内部分历史建筑应在世界博览会期间改建为博物馆、公共文化设施，并在世界博览会之后作后续利用，这是一个历史性的文化任务[①]。

① 陈燮君：《世博与文博的互动发展与共同守望》，载《解放日报》，2007-01-07（8）。

构建多元、开放、包容的博物馆体系[①]

（2013 年 12 月）

当前，博物馆事业进入快速发展阶段，呈现出一些新的趋势。就举办主体而言，从以文物部门为主导，转向由政府引导，动员各行各业和社会公众共同参与。就博物馆类型而言，从传统的综合、历史、艺术等类型，转向科技、自然、民族、民俗、生态、遗址等，各个社会学科、自然学科类型以及各行各业的专题博物馆。专题博物馆是博物馆体系的重要组成部分，体现出鲜明的行业文化特征、民族文化特色、地域文化特点，符合博物馆社会化、专题化、多样化的发展潮流。

今天，博物馆事业的发展与变化，伴随着历史的发展而发展、社会的变化而变化。文化遗产的多样化必然带动博物馆的多样化。正如奥地利著名的博物馆学家 F. 瓦达荷西（F. Waidacher）博士在 2003 年写的《博物馆学》一书中所说："博物馆不是从一个博物馆原始型逐渐发展而成的，它的原始型并不一定与后来复杂的形式有关。贵族的宝藏、艺术品与奇珍异宝或已有系统收藏的 19 世纪的博物馆，未必和现在的博物馆有关。他们的出现似乎没有什么先决条件，而是出自特定的收藏需求。"[②]

① 此文发表于成建正主编的《陕西历史博物馆馆刊》，第 20 辑，1 页，西安，三秦出版社，2013。
② 甄朔南：《从全球的视野看自然史博物馆的起源、发展与成就》，载《中国博物馆》，2006（2），85 页。

中华人民共和国成立以后，我国建设的博物馆大多是综合博物馆，以当地的自然资源、历史发展、民生民主建设为陈列内容，而专题博物馆则数量不多。进入 20 世纪 80 年代，开始出现了一批专题博物馆。特别是 90 年代以后，专题博物馆快速增长，经过 20 余年的发展，专题博物馆的内容几乎囊括人类生产、生活的方方面面，涉及科技、地质、煤炭、金融、消防、公安、水利、茶叶、丝绸、烟酒等众多领域。社会公众对专题博物馆有较强的愿望，对未来博物馆分类也提出进一步要求。因此，专题博物馆的发展不仅是社会分工细化的表现，也是社会更加开放、经济更加繁荣的一面镜子。

近年来，国家相关部门也开始建设各具特色的专题博物馆，例如财政部在杭州建设了中国财税博物馆，国家审计署在南通建设了中国审计博物馆。在铁道部建设了中国铁道博物馆，邮电部建设了中国邮电博物馆之后，又相继建设了中国邮票博物馆和中国电信博物馆，最高人民法院也建设了中国司法博物馆等。在上海建设“博物馆之城”的过程中，专题博物馆成为增长主体，占据了 80% 的增长份额。但是，总体来说，我国的专题博物馆的数量还不够多。目前，越来越多的参观者对专题陈列展览有独特喜好，例如有的观众喜欢艺术类的陈列展览，有的观众喜欢科技类的陈列展览，有的观众喜欢自然类的陈列展览。

当前，国家既强调加强国家级大型博物馆的建设，以逐步使我国的重点博物馆达到或接近发达国家的水平，同时，也强调支持中小博物馆的建设与提升。近年来，在全国各地涌现出了一些优秀的专题博物馆，例如中国煤炭博物馆、青岛啤酒博物馆、上海公安博物馆、沈阳金融博物馆等，这些博物馆因为与经济社会发展和广大民众生活密切相关，产生了很强的社会吸引力和影响力，并为提升城市文化品位做出了重要贡献。今天，国家高度重视专题博物馆的发展，将专题博物馆纳入国家博物馆事业的总体框架，给予积极支持。同时，国家鼓励优先设立填补博物馆门类空白和体现行业特性、区域特点的专题博物馆。

文物行政部门努力加强对专题博物馆的宏观指导，积极提供服务。例如将专题博物馆纳入全国博物馆质量评价体系。在全国博物馆评估定级中，一批专题博物馆被列入国家一级博物馆和二、三级博物馆之中，显示出专题博物馆在我国博物馆事业中的重要地位。同时，对于一些专题博物馆的创建也给予了高度关注，例如中国水利博物馆、中国文字博物馆、中国妇女儿童博物馆和中国航海博物馆等的文物征集、陈列展览工作，文物行政部门协调全国文物博物馆系统给予支援，并取得了良好的效果。

要改变当前我国博物馆数量偏少的状况，应该考虑在自然、科学、教育以及人口、资源、环境、灾害、宗教等方面，建设更多的专题博物馆。段勇先生指出："世界上至今对博物馆没有一个公认完美的分类方法。现有的大多是以藏品类型作为分类的主要标准，例如：日本博物馆协会将博物馆划分为综合、乡土、美术、历史、自然史、理工、动物园、水族馆、植物园和动·水·植 10 类。美国博物馆协会主张把博物馆分为综合、科学、艺术、历史、体育、学校、公司、展览区等 13 大类 72 小类，除了'物'的标准外，引入了博物馆的实体特点，却略嫌杂乱。还有国外博物馆学家认为，世界上现有的博物馆可具体划分 301 种类型，其中混合使用了多种分类标准。"①

从办馆主体的性质来看，专题博物馆有别于文化文物系统的传

① 段勇：《多元文化：博物馆的起点与归宿》，载《中国博物馆》，2008（3），5 页。

统博物馆，既有国家有关行业部门，例如工业部门、农业部门、商业部门等兴办的公立博物馆，也有隶属于国有企业的行业博物馆，还有民营企业兴办的专题博物馆。与传统博物馆相比，专题博物馆资金来源多元，有利于吸收社会力量创办博物馆，改善原有办馆主体单一、类型单一以及资金来源单一的博物馆管理模式[①]。这些也正是近年来专题博物馆能够成为博物馆发展热点的根本原因所在。

专业博物馆的蓬勃发展，推动形成了当前各地建设博物馆的热潮，其全面深入地展示科学文化知识，为社会提供品类齐全的学习场所，以适应学习型社会的需要，为我国博物馆事业的可持续发展注入了新的活力。2006 年 6 月，宁夏回族自治区制定了《发展宁夏博物馆事业战略构想》，鼓励和支持各市县、各行业依托地域和行业优势，创建行业专题博物馆，通过几年努力，宁夏已经建成了各类专题博物馆 40 余座，一批独具特色、形式多样、内容丰富的专业博物馆陆续建成开放，实现了专题博物馆建设新的突破，基本构建起覆盖全区的博物馆网络，为进一步加强博物馆体系建设积累了丰富的经验。

北京专题博物馆增长速度较快，在已有中国钱币博物馆、中国电信博物馆、北京服装学院服饰博物馆、北京警察博物馆、北京自来水博物馆、中国印钞造币博物馆、北京百年老电话博物馆等专题博物馆的基础上，近年来又新增了一批专题博物馆，例如北京老爷车博物馆、北京晋商博物馆、北京电话博物馆等。对于不同行业、不同企业来说，建设专题博物馆可以起到保存、展示行业文化的作用，发掘、研究、利用行业相关文物，探究行业历史，宣传行业文化，树立行业形象，提升行业品位。

① 徐玲：《何谓行业博物馆》，载《中国文物报》，2009-12-16（6）。

北京地区博物馆涵盖了历史、自然、军事、天文、航天、文化、艺术、宗教、建筑、通讯、机车、铁道、名人纪念馆等数十个门类。“从全国范围来说，北京地区的博物馆门类比较齐全，在质量和规模上都名列前茅。”[①] 北京奥运博物馆分为主题展厅和临时展厅两部分，奥运会开幕式上使用的奥运缶、电子卷轴、演出服装等道具，奥运会赛场上的各种具有收藏意义的运动器械和服装以及有关的文字及电子资料都在博物馆内展出，集中展示2008年奥运会申办、筹办和举办的历史过程和盛景。同时，在奥运会场馆群附近还将陆续建设一批专题博物馆，加上此前建设的中国科技博物馆等，专题博物馆的集聚效应初步显现[②]。

中国法院博物馆揭牌仪式

上海市以世界博览会筹建为契机，推动各类博物馆建设，不但博物馆数量得到迅速增长，而且在博物馆类型及分布方面也有较大

① 赖睿：《北京博物馆：“博”字当头》，载《人民日报海外版》，2010-08-06（4）。
② 华锴：《北京奥运博物馆“安家”鸟巢》，载《北京日报》，2011-06-02（5）。

改观。包括金融、邮政、纺织、水务、航运、交通、造船以及市政工程等门类的博物馆，改变了过去偏重于历史类、艺术类和人文纪念类等传统门类，缺乏反映上海作为我国近代工业、金融、商贸等的发源地，具有深厚历史渊源的专题博物馆的状况。近年来，上海市建立的铁路博物馆、汽车博物馆、纺织博物馆等，起到了保护工业遗产的示范性作用。人性化服务的理念深入人心，博物馆从观众的角度出发不断完善服务设施，营造和谐的人文与自然环境。

青岛一些独具特色的博物馆大都利用自身资源，突破了过去市县级博物馆“小而全”、陈列内容雷同的陈旧模式，极具文化特色。青岛的专题博物馆建设突出近代文化、海洋文化和名人文化的特色。青岛市虽然建置时间短，但是由于处在中西文化冲突的前沿，我国近代历史上的许多重大历史事件都与青岛有关，例如“公车上书”、第一次世界大战的远东战役、五四运动、五卅运动等。因此，近代文化成为青岛专题博物馆建设的重要题材。德国官邸旧址陈列馆、青岛山炮台遗址纪念馆、德国监狱遗址博物馆等均属于此列。

青岛是一座美丽的海滨城市，在城市文化中处处渗透着海洋文化特色，青岛市在博物馆建设上，也充分地体现这一特色。目前，青岛涉及海洋文化的专题博物馆有青岛海产博物馆、海军博物馆、青岛海底世界、帆船博物馆以及明显带有海洋文化特色的青岛民俗博物馆等。近现代文化名人故居纪念馆也逐步在青岛博物馆群中异军突起。康有为、老舍、沈从文、闻一多、王统照等一批近现代文化名人曾经在青岛居住、工作，名人故居纪念馆的陆续开放，为这座海滨城市增添了厚实的文化内涵。

中国人民革命军事博物馆从刀枪剑戟到现代各种精良的枪械，从木牛流马到各种坦克战车，从木船到各式舰艇，从飞鸽传信到火箭上天和卫星转播，从鞭炮地雷炸弹到战略核武器，军事博物馆数量巨大的实物、武器、装备、图片和模型，展示了中华民族五千年以来的军事活动和军事文化的发展[①]。中国坦克博物馆于1998年对外开放，是全国乃至亚洲唯一的坦克博物馆。馆内陈列着各个历史时期、各种型号的坦克车、装甲车、坦克训练模拟器。坦克博物馆展厅展示着我国新研制的重型坦克、战时的功勋坦克、当年苏联援助的坦克、在抗日战争中缴获的日本坦克，还有在解放战争中缴获的蒋军美制坦克。

中华文明源远流长，浩如烟海的历史，通过文字记录和梳理，其发展轨迹变得有章可循。长期以来，众多有关语言文字的珍贵文物，因为缺少专业博物馆的征集和收藏而散落于民间，或被收藏于其他博物馆，难以形成规模集体亮相。中国文字博物馆作为国内首座专业展示文字发展历程和影响的国家级博物馆，凭借深厚的文化底蕴、丰富的展品、多样的表现形式每天吸引了大量游客前来参观。开馆第一年，入馆游客达126万余人次，日均客流量近4000人次。目前中国文字博物馆已收藏相关文物14156件，其中包括国家一级文物305件。

中国文字博物馆的基本陈列“中国文字发展史”以世界文字为背景，以汉字为主干，以少数民族文字为重要组成部分，展示中华民族一脉相承的文字、灿烂的文化和辉煌的文明。同时，以古汉字符号为独特视角，反映东方华夏文明与中国语言文字的研究成果，具有普及性和学术性双重性质。“中国文字发展史”陈列共分为三个部分，分别为汉字源流绎古今、民族文字大家庭、从印刷术到信息化，三个部分相互呼应，以中国文字发生和发展的文化史为主线，

① 李静:《中国第一馆: 不断长大的心灵栖息空间》，载《中华建筑报》，2009-09-29(14)。

以历代出土的文字载体文物为支撑，以文字的传播应用为注脚，以雅俗共赏的表现方式，融文字的历史、今天和未来于一堂，全面翔实地展示汉字文化的独特魅力[①]。

苏东海先生认为："值得特别注意的是行业博物馆的兴起，许多行业建了自己的行业博物馆，保护与传承自己的文化传统。例如那些拥有自己独特的传统技术的行业，建立博物馆展示自己的无形遗产，扩大行业的价值。我认为这种行业博物馆也体现着新博物馆思想及其实践。"[②]中国会计博物馆选址于上海，将建设成为综合性的收藏、研究、保护会计文物的专题博物馆。相对于已有的中国财税博物馆、中国审计博物馆和中国珠算博物馆，中国会计博物馆侧重于会计文化的专门展示，其内容重在会计基本方法、制度、理论、实务及相关成就方面[③]。

目前的专题博物馆多定位于一个专业或行业历史的展示，服务于特定的主体。但是，一些专题博物馆过分强调专业性，导致博物馆办馆思路相对封闭，缺乏宣传力度，缺乏开放意识，缺乏与其他博物馆的交流，使文物藏品内容单一，基本陈列不能及时更新，从而使观众群体受到限制，难以为社会公众提供更加优质的服务，难以发挥更大的社会效益，这些都成为专题博物馆进一步发展的制约因素。因此，具体到不同的专题博物馆，为了更好地发挥社会效益，必须明确博物馆自身的定位问题。

专题博物馆是伴随我国20世纪80年代以来，保护传统建筑、保护近现代建筑、保护工业遗产等保护理念的进步，而开始广泛出现的博物馆类型。作为富有活力、新兴的博物馆类型，专题博物馆

① 《体验中国文字之旅 探寻中华文明之源》，载《中国文物报》，2011-03-23（5）。
② 苏东海：《关于生态博物馆的一点思考》，载《中国文物报》，2010-12-01（8）。
③ 欣文：《中国会计博物馆预计明年建成》，载《中国文化报》，2010-08-04（6）。

在一定程度上补充并冲击了原有博物馆类型单一的局面，呈现出蓬勃发展的势头。专题博物馆的多样性源自行业文化的多样性，几乎涉及我国现有的各行各业。每个博物馆都有自己的定位、特色，都有引以为豪的馆藏精品，企业博物馆亦不例外。企业博物馆大多由所属企业创办，由企业投资，征集、保存、研究企业文化遗产。

浙江中国财税博物馆开馆仪式

专题博物馆应该根据自己所处环境的情况和自身的具体情况确定自己的收藏战略，根据自己的藏品特点和社会文化环境确定自己的陈列展览战略，并根据自己的目标与环境状况确定自己的行动战略，充分利用行业部门场地、资金、人才、管理等方面的优势，挖掘各行业展示本行业发展历史的内在需求，促进从行业小型展室到专题博物馆的转变。宁夏文物行政部门组织专家指导宁夏邮政博物馆、宁夏电力博物馆、宁夏交通博物馆等专题博物馆的建设。同时，宁夏回族自治区博物馆承担中草药博物馆、古灯博物馆、考古博物馆的陈列设计方案编写。

纪念馆作为博物馆的重要分支，长久以来在我国博物馆大家庭中占有很大比例。这些纪念馆保存、维系着历史上许多重大事件和重要人物的相关记忆，是中华文明弥足珍贵、不可或缺的组成部分。纪念馆是连接社会与中华民族传统文化、民族精髓的桥梁。钱穆说："所谓历史传统，乃指其在历史演进中内在的一番精神，一股力量，亦可说是各自历史之生命，或说是各自历史的个性，这一股力量与个性，亦可谓是他们的历史精神。"人们在创造物质文明的同时，更需要不断获取精神食粮作为动力，深厚的文化底蕴和高贵的民族精神是个人品格修养、道德情操构成的基本要素。

目前，全国注册的纪念馆已有300余家。纪念馆在陈列展示、文物收藏和社会教育上的意义与其他内容的博物馆有很大不同，在思想观念和道德操守方面影响深刻，其所蕴藏的独特内涵和肩负的独特社会使命，决定了纪念馆必将受到社会各界的特殊关注和非同寻常的期待。纪念馆中的每一件历史文物，对应着一个个感人故事，它们昭示着华夏儿女的道德理想和价值追求，诠释着中华民族的传统美德，阐发着如何做人、如何做事的基本道理。它们从正反两面向后人展示着过往的荣辱，指导着人们形成正确的世界观和价值观，引导着人们时刻走在为中华民族的伟大复兴而努力奋斗的征途。

我国的纪念馆有多种类型，主要分为历史人物类和历史事件类。历史人物类纪念馆为纪念在历史上做出过突出贡献和非凡业绩的人物而建立，包括伟人纪念馆和具有重大影响的历史人物纪念馆两类。这里伟人的划分主要是按照能够促进社会变革的作用来界定，尤其指在近现代革命中做出突出贡献的领袖人物。历史事件类纪念馆，承载的是社会变革过程中对局势有重大影响的历史事件。通过典型的历史事件，将人们带进历史的情境之中，使观众身临其境，切身感受历史的丰富多样，形成鲜活的历史，促进人们对历史进行理解和反思，从而达到提升境界的现实作用。

文明的载体在历史发展的各个阶段有所区别，这与科技水平的进步有直接关系。从我国历史的发展过程来看，从竹简木牍到金石铭文，从绢丝锦帛到纸张字画，从图片资料到影像记录，从人工书写到智能电子，科技的进步促进了这些载体的发展，逐步变得更简便、实用，信息容量不断增大[①]。我国科技博物馆的数量，与社会需求相比相差较远。至2002年，我国有科学技术博物馆250座，平均每520万人拥有一座，而同年美国的科学技术博物馆的总数为560座，平均每41万人拥有一座，日本拥有科学技术博物馆320座，平均每38万人拥有一座。

19世纪以来，现代科学技术的发展促使人们对科学知识学习产生迫切需求，科学技术博物馆应运而生。1852年和1853年，英国国立维多利亚和阿尔伯特博物馆及坎星顿科学技术博物馆在伦敦“万国博览会”的基础上成立，此后，欧美各国竞相效法。博物馆传承历史文化开始从传统的文物标本，扩大到科学技术领域。科学技术博物馆以最形象、生动的手法，将宇宙天体、人类、环境、物质、能源、信息等大量科学原理和应用成果介绍给观众，启迪智慧，激发人们对科学技术的兴趣，了解科学技术对社会进步的推动作用[②]。

① 刘加量:《让世界充满爱，让和平永驻人间——纪念馆在构建和谐社会中的重要作用》，载《中国纪念馆》，2011（1），47页。
② 王莉：《博物馆的价值取向和社会责任》，见《携手2010：宁波国际博物馆高峰论坛论文选辑》，15页，非正式出版物。

近年来，上海科技馆每年秋天都举办鸣虫音乐会，组织社会公众甚至还有在沪外籍人士，聆听野外秋虫的鸣叫，寻觅昆虫踪影，领略我国悠久的鸣虫文化，这是十分有益的尝试[①]。澳大利亚维多利亚博物馆在展览中，鼓励展示活体动物。例如在展示昆虫生命过程的展览中，就不仅有标本，还有很多活体动物，吸引了大量参观者。而在整个博物馆中心位置的森林展馆，除了有大量展示维多利亚地区树木状况的典型树种，还有各种各样的鸟类在其中自由飞行，也有蛇类等其他森林动物[②]。

2002 年英国自然博物馆完成了达尔文中心第一期建设，目的就是改变博物馆传统的形象和地位，设计目标也由原来放置藏品的空间改成展示馆，以便创建一个公开的交流平台。例如鼓励更多公众参与内部的科学研究过程，人们可以看到内部实验室，包括最新的 DNA 染色体研究、标本制作等。博物馆还建造了一个新的高科技工作室，和 BBC 一起制作了互动式电影，通过专家讲解，通过三维特效，使诸如恐龙、史前生物复活等方法，让人们更容易理解接受。此外，还有一个气候变化环境室，通过互动式屏幕，让人们了解气候变化产生的具体结果。

英国的科学技术博物馆致力于揭开展品幕后的秘密，将收藏和研究这一博物馆的核心功能向公众开放，让公众了解支撑博物馆展览教育活动的科学内容及科学过程，体验发现奥秘的快乐，以此扭转将博物馆作为纯娱乐场所的形象，并将公众理解科学深化为公众理解收藏，公众理解研究，公众理解未来[②]。英国伦敦科学博物馆展示了瓦特发明的蒸汽机以及其他内燃机、风车、水轮等动力机械，

① 董贻安：《为有源头活水来》，载《中国文物报》，2009-11-25（4）。

② 章迪思，梁建刚：《自然博物馆：重建中的若干可能》，载《解放日报》，2009-11-30（5）。

有些展品可以动态展示，周围伴有辅助陈列的景观模型等，用于说明该展品相关的原生产环境，甚至采用了多媒体仿真技术，看上去达到了十分逼真的效果。

科学技术博物馆重点收藏、保护和展示人类在一定历史时期内科学发明和技术进步所取得的成就，展品主要是采用当时的科学技术生产制造的物品，也包括一些相关的生产制造设备和试验装置等。科学技术博物馆主要以传播科学技术知识为主旨，展示的内容包括物理、化学、生物、医学、地质、天文、数学等基础科学理论和建筑、机械、冶金、运输、电子、信息、航天等现代技术。在陈列展示中，多运用声、光、电和多媒体等现代化展示手段，鼓励观众动手参与、亲自体验，在充满乐趣的互动中，轻松地理解科学定律和技术原理。

美国丹佛自然与科学博物馆

出于传播科学技术知识的需要，科学技术博物馆的展品绝大部分都是因便于诠释科学技术原理而专门设计制造的设备和模型等。1996年中国印刷博物馆在北京大兴落成，集中展示我国古代、近代和现代的印刷历史文化，通过国际交流，在一定程度上改变了西方人只知道公元1450年德国人古登堡发明的铅活字印刷，而不知道早于其几百年的我国毕昇发明的活字印刷术的偏见。2006年在建馆10周年之际，又开辟了以王选教授为代表发明的汉字信息处理激光照排技术为重点的数字印刷和印刷数字化展厅[①]。

中国铁道博物馆位于北京天安门广场东南侧，由原京奉铁路正阳门东车站改建。该车站是近代中国铁路早期车站的代表作，始建于清光绪时期的1903年，100多年来曾经见证了许多重大历史事件。1959年，北京站建成通车，正阳门东车站才完成了历史使命。2010年10月，中国铁道博物馆正式对外开放，集收藏、陈列、宣传、教育等功能于一体，以大量翔实的图片资料和文物、实物展品，展现了中国铁路从无到有、从弱到强的发展历程。参观者不仅可以看到清政府为京汉铁路开通所铸的纪念铁碑，国内发现最早的钢轨，具有百年历史的印票机等大量珍贵文物，还可以欣赏到中国铁路现代化建设的最新成果和技术装备，并可以登乘"和谐号"动车组仿真模拟舱，体验时速350公里的视觉冲击[②]。

1987年，在广东阳江海域发现了一艘南宋早期木质沉船，被命名为"南海Ⅰ号"。在此后的20年中，国家水下考古队先后对这艘古代沉船进行了9次考古调查、勘探，对沉船规模、保存状况等重要信息的认识逐步清晰。确认"南海Ⅰ号"沉没于海面24米以下，

① 海艳娟：《加强中国印刷文物调研和中国印刷博物馆建设》，载《中国新闻出版报》，2010-02-24（7）。
② 齐中熙：《中国铁道博物馆开馆》，载《中国文化报》，2010-10-27（6）。

表面覆盖厚1~1.5米的淤泥，沉船长30.4米，宽9.8米，型深4米。沉船船体保存较好，上甲板以下部分结构基本完整，船舱内满载大量陶瓷、金属、漆木和石质文物。初步推算该船满载以宋代瓷器为主的文物8万余件，是目前发现最大规模的古代船只。

2007年12月22日，“南海Ⅰ号”整体打捞成功，并顺利进入广东海上丝绸之路博物馆的“水晶宫”。2009年8月，水下考古队员在“水晶宫”对“南海Ⅰ号”进行了首次试发掘。古代沉船展露出保存完好的船舷和上甲板，首次向世人揭开其神秘的面纱。如今，走进“水晶宫”，观众可以通过两条长60米、宽40米的水下观光长廊和水下考古平台，多角度地观察“南海Ⅰ号”沉箱在海水中的保存状况并目睹水下考古发掘过程。由此，广东海上丝绸之路博物馆也被定义为“世界首例将古代沉船水下考古发掘过程向观众展示的动态专题博物馆”，也是我国乃至亚洲唯一、世界罕见的大型水下考古博物馆。

博物馆生态化也是一种新的发展趋势，中国茶叶博物馆在环境营造中，拆除了博物馆传统的围墙，馆内和周围的景区相融合，以茶叶为主题，注重在环境中延伸陈列展览，引入中华茶树品种100多种，还增加了绞股蓝、金银花等许多可以泡饮的植物。鉴于茶和水的密切关系，他们引入了一条水系，并在园内营造出多种多样的水景，在水系旁增加了很多品茶的摊点，除了喝茶，还可以品尝茶菜、茶点心。同时，博物馆新开辟了茶叶教室，用于开展形式多样的茶艺培训。在参观中，博物馆还为观众增加了一些参与和体验的项目，例如品尝茶宴，观看茶艺表演[①]。

① 李艳：《东南地区博物馆调研纪行》，见《博物馆观察——博物馆展示宣传与社会服务工作调查研究》，38页，北京，学苑出版社，2005。

自然博物馆展示和教育活动的根本目的，是为了激发观众，尤其是青少年对自然的好奇心，培养他们对自然的感情，最终目的是希望他们懂得去欣赏自然，亲近自然，理解自然，学会与自然共存。只有理解自然，才可能去欣赏亲近自然，萌发保护的热情。正如一位美国生物学家所言："地球上的每一个物种都是进化的杰作，它们的基因是用数不尽的生与死的经历记录下的编码，生物多样性是人类巨大的物质财富和精神财富。"[①]"博物馆的首要任务就是保护文化的多样性。只有多样性才能体现大千世界的灿烂多彩，给人以生活的享受和心灵的慰安。所以不能以一种博物馆的尺度为标准去测定它种博物馆是否优劣或过时。"[②]

自然博物馆与其他类型的博物馆相比较，其神圣职责就是关爱生命、守护绿色，让人类与其他的生命和谐共生，生生不息，为人类可持续发展创造美好的未来。泰国自然博物馆认为，其自身的价值和影响应远远不止于在馆舍内，还应该涉及更广泛的内容和更广阔的天地。例如开展"学校里的植物园"项目，通过邀请学生、社会人士关注他们所在地区的特有植物，培育当地特有的植被，参与当地生态旅游的策划，借助博物馆平台，通过策划各种活动，让更多民众参与到享用自然、理解自然和保护自然的行列中，促进生态资源的保护和可持续利用，使保护与发展达到平衡[③]。

我国有着悠久的养蜂历史，近年来养蜂业发展成就卓著，目前全国的蜂群数和蜂产品产量均居世界第一，已成为世界养蜂大国。蜜蜂由于具有严密的社会性群体结构和高度发达的生物本能而引起

---

① 章迪思，梁建刚：《上海自然博物馆的新期待》，载《解放日报》，2009-07-03（5）。
② 甄朔南：《从全球的视野看自然史博物馆的起源、发展与成就》，载《中国博物馆》，2006（2），86页。
③ 章迪思，梁建刚：《自然博物馆：重建中的若干可能》，载《解放日报》，2009-11-30（5）。

辽宁鸟化石国家地质公园博物馆

人们浓厚的兴趣，成为自然科学的重要研究对象。同时，蜜蜂作为自然界最主要的授粉昆虫，不但是生物链上不可缺少的重要环节，而且在现代农业中仍是不可替代的作物授粉者。中国蜜蜂博物馆位于风景优美的香山北京市植物园内，该馆展出内容包括蜜蜂的起源和化石、养蜂业发展史、蜜蜂与人类文化的渊源、中国的养蜂资源、蜜蜂生物学、养蜂技术、蜜蜂授粉、蜂产品和蜂疗、中国现代养蜂业发展成就和科技成果、国际交往等。

墨西哥坎昆水下雕塑博物馆在距离海岸 3 英里（约 4.83 千米）处建成，将是世界上最大的水下博物馆。馆中拥有上百个和人体实际大小相当的雕塑，全部沉浸在海水中，雕塑群主题为“沉默的进化”，所有雕塑都由酸碱度平衡的生态混凝土制成。这种混凝土可以让海洋生物附着栖息在其凹凸不平的表面或空隙内，为海洋生物的生长提供良好的条件，以保护生态环境。美国新闻博物馆位于华盛顿宾夕法尼亚大道上，正面大部分由玻璃窗排列构成，颇具开放效果，显现出媒体作为“世界窗口”的意义。整座建筑共分7层14个主要展厅，囊括新闻历史变革、传播手段发展、世界领域趋势和重大事件报道等多种内容。

中国湿地博物馆选址于国家湿地公园西溪湿地东南角，具有得天独厚的地理优势。湿地与森林、海洋并称为全球三大生态系统，是众多野生动物，特别是珍稀水禽的停歇、繁殖和越冬地，也是许多珍稀植物的繁衍地，被称为“鸟类的乐园”和“生命的摇篮”。这是一座以湿地为主题，集展示、宣传、教育、收藏和研究于一体的专题博物馆，通过普及湿地科学知识、展示世界丰富多彩的湿地及其生态系统功能、探索我国典型湿地的奥秘、剖析湿地面临的问题和威胁，紧扣人类社会和谐发展这个最终目标。博物馆建筑的外墙全部用植被覆盖，从高空看就是一个绿丘，暗合了人工建筑与湿地、与人类社会的和谐相处①。

宁夏沙坡头沙漠博物馆集科普基地、沙漠健身基地、国际治沙学术交流基地和治沙人才交流基地等于一体，与位于沙坡头北区的治沙成果展览馆、沙漠植物园，共同组成分类翔实的中国首家沙漠博物馆。沙漠博物馆展览分为沙漠的形成与发展、世界五大沙漠与中国十大沙漠、神奇的沙漠生命、沙漠文化与沙漠传奇、荒漠化与沙尘暴、沙漠治理与沙产业、腾格里大沙漠与沙坡头治沙奇迹等6个部分。置身于4D动感影院，观众可亲身体验模拟沙尘暴飞沙走石、遮天蔽日的肆虐场景。

---

① 陈博君：《湿地与人类的和谐之路》，载《博物馆研究》，2010（4），34页。

为社会及其发展服务是博物馆的宗旨，专题博物馆也不例外。当前要树立博物馆科学发展理念，创新工作思路和工作方法，着力提升专题博物馆的办馆水平。对于设立专题博物馆，文物行政部门要提高服务意识，搭建起博物馆协作交流平台，协助组织专家对办馆宗旨、办馆方向、藏品征集、陈列展示等各个方面进行深入研究论证，专题博物馆的定位要紧扣行业特点，体现区域特色，避免重复性和盲目性，实现专题博物馆建设的动态管理和资源共享，努力提高博物馆规范化管理运行水平。

要充分发挥博物馆行业协会和省级龙头博物馆的引领作用，协助专题博物馆根据博物馆规律，完善内部机构设置，建立科学合理、运转高效的工作体制和运行机制。同时专题博物馆与综合、历史、艺术等类型的博物馆，要加强藏品、展览、学术研究、人才队伍等领域的交流与合作，形成各类博物馆之间相互支持、共同发展的局面。目前专题博物馆的人才培养是一个薄弱环节。要通过培训、继续教育、引进人才等方式加强专题博物馆的队伍建设，全面提升专题博物馆管理水平和专业人员的工作能力和业务水平。文物行政部门应加强对专题行业博物馆人才培养的支持力度，在博物馆馆长和专业人员培训等项目中加大对专题博物馆人员的培训比重。